Francis Blanche

Pensées, répliques et anecdotes

choisies par
Jean-Marie Blanche
Dessins de Cabu

Éditions J'ai lu

Les mille et une nuits Blanche

Devant la multitude, la diversité et la qualité de ses réalisations et de ses œuvres, on oublierait presque que Francis Blanche est mort jeune, à cinquante-trois ans. Nul secret ni recette miracle, Francis Blanche tout simplement a vécu un nombre incroyable d'existences simultanées. À la façon de ces illustres personnages trop riches pour enfermer leur énergie et leur talent en une seule discipline, en une seule activité, Francis Blanche a été tour à tour et à la fois humoriste, comédien, romancier, dramaturge, animateur, chanteur, poète, mystificateur, parolier, scénariste, producteur, dialoguiste et chansonnier… tant de cordes à son arc qu'on finirait par l'assimiler à une harpe ! Francis Blanche était, on l'a deviné, un bourreau de travail, un stakhanoviste de l'humour. Il écrivait ses sketches le matin, tournait pour le cinéma l'après-midi, animait une émission de radio en début de soirée, jouait une pièce de théâtre le soir, courait au cabaret ensuite et écrivait à nouveau la nuit, afin que la boucle fût bouclée. Et sans doute rêvait-il à des canulars lorsqu'il concédait deux ou trois heures au sommeil. Rien ne semblait pouvoir épuiser un talent qui débordait volontiers de ses activités professionnelles pour s'étendre, au plus grand plaisir de ses proches, jusqu'à sa vie tout entière. Les nombreuses anecdotes relatées dans cet ouvrage sont autant d'exemples de la folie géniale de Francis Blanche, qui menait son existence comme un spectacle perpétuel, une continuelle improvisation. Il excellait à traquer le comique et l'absurde de chaque situation, n'hésitant pas à créer de toutes pièces les conditions du rire lorsque celles-ci venaient à manquer. Farces, gags et mystifications étaient sans cesse à l'affiche de ses jours. Au gré de ses maximes, répliques, canulars téléphoniques, on découvre dans cet ouvrage les multiples facettes de la personnalité de Francis Blanche, l'esprit caustique et irrespectueux de cet insomniaque de génie qui mit son existence au service du rire.

Jean-Marie BLANCHE

PENSÉES FRAPPÉES AU COIN DU BON SENS ET AUTRES CALEMBOURS

Les femmes qui nous aiment pour notre argent sont bien agréables : on sait au moins ce qu'il faut faire pour les garder.

*

Quand un monsieur vous dit qu'il a changé de voiture, si vous cherchez bien, vous constaterez qu'il aurait préféré changer de femme, mais que devant les difficultés il a opté pour la solution la plus simple.

*

On m'a demandé ce qui me frappe, chez une femme !... Je ne permettrai jamais à une femme de me frapper !...

*

Plus je connais les hommes, plus j'aime les femmes.

*

À une jeune starlette : Ne te fais pas d'illusions, il faut beaucoup de Jules pour avoir un oscar !

*

C'est dur d'aimer quand on a beaucoup à faire... mais c'est plus difficile de se séparer, quand on a beaucoup à se dire.

*

J'ai entendu un amoureux affirmer à sa petite amie : « Si tu étais un homme, j'aimerais mieux que tu sois une femme. »

*

L'Amour ?... ce n'est ni une boisson gazeuse, ni une lampe de poche, ni une maladie, ni un instrument de musique. Mais ça fait plus de bruit, plus de mal, plus de bien, plus de lumière que tout ça. C'est plus douloureux qu'un cor au pied, mais plus agréable qu'un bain de soleil.

*

La vraie amitié sait être lucide quand il faut, aveugle quand elle doit.

*

Une 2 CV usagée vaut mieux qu'une Rolls neuve à condition qu'elle vienne de la droite.

*

Prudence est mère de tous les vices.

*

Quand on a la santé, c'est pas grave d'être malade.

*

La caravane passe… les aigris restent.

*

Une hirondelle ne fait pas le moine.

*

Ne faites pas à autrui ce que vous pouvez faire le jour même !

*

Qui aime bien ses lunettes ménage sa monture.

*

Il vaut mieux prendre ses désirs pour des réalités que son slip pour une tasse de café.

*

L'élan du cœur n'a rien de commun avec l'élan du Grand Nord.

*

Mieux vaut élever son esprit que des chats siamois.

*

Ce n'est pas en mangeant que l'on devient forgeron. Même si l'on ne veut pas devenir forgeron.

*

Qui vient de loin rira bien près du cœur.

*

Le devoir, c'est le devoir. Et vice versa.

*

Pour être le premier, il n'est pas nécessaire d'être plusieurs.

*

Il n'y a pas de fumet sans fûts !

*

Si on te frappe sur la joue droite, ignore ce que fait ta main gauche.

*

C'est en sciant que Léonard devint scie.

*

Le violon d'Ingres ? C'était certainement la peinture.

*

Quand la science rend service aux uns... ça retombe toujours sur le nez des autres.

*

Il ne suffit pas d'être inutile. Encore faut-il être odieux.

*

Pourquoi payer pour souffrir ?... Ayez donc mal à l'œil !...

*

L'avez-vous remarqué ?... Quand on roule, on n'a jamais de contravention. C'est toujours quand on s'arrête...

*

Ne soyez pas si timides : quand vos amis vous disent que vous piquez des fards, ils n'insinuent pas que vous volez les lumières qui sont sur les voitures. Et quand vos camarades veulent aller prendre un verre, ne croyez pas qu'ils projettent de dérober la verrerie du café.

*

Pour le week-end, nous avons voulu faire les Châteaux de la Loire. Malheureusement, ils étaient déjà faits.

*

J'ai créé un mouvement politique, dans le Midi, un mouvement qui marche très bien : le mouvement de Menton.

*

La ville d'Antibes et la ville de Biot (Alpes-Maritimes) vont fusionner. Leurs habitants s'appelleront désormais les Antibiotiques.

*

Là où Attila pissait, l'herbe ne repoussait plus.

*

Nous parcourûmes la France, achetant, dans chaque localité, les meilleures spécialités : du nougat à Montélimar, du sucre à Cannes, de vieilles culottes à Pau, du pâté à Foix, des trous à Bâle... Nous sommes revenus de Caen avec un aide... Et nous avons ramené une forte envie de Béziers.

*

Je n'aime pas les boutades. Sauf les boutades de Dijon ! (Version japonaise : les boutades de dix jonques...)

*

Dans notre série « Les travailleurs de la mer », voici « La pêche au sirop » !

*

L'Afrique noire a le droit, elle aussi, de goûter la soupe à l'oignon ! Grâce à notre projet de pipeline (en français « Pipe-Line »), un immense tuyau amènera de France en Afrique une merveilleuse gratinée, réchauffée et cordiale ! Plus que jamais, l'oignon fait la force !

*

Où que vous alliez, où que vous soyez, prenez toujours votre métro à Richelieu-Drouot : la station de l'élite !

*

La fraude du mou de veau a ses spécialistes : une vaste organisation contre qui la lutte est impitoyable et dont les membres se font appeler « les durs du mou ».

*

Pour rentrer chez vous, une seule adresse : la vôtre !

*

Si vous n'aimez pas la montagne, si vous n'aimez pas la campagne, si vous n'aimez pas la mer, allez… vous faire foutre !

*

Si vous n'aimez pas l'Espagne, si vous n'aimez plus la Suisse, si vous avez assez de l'Italie, alors allez vous faire voir par les Grecs !

*

– Atout ! Je coupe !
– Mais voyons, on ne coupe pas l'atout !
– Erreur ! Le bon Sirop Gluant coupe la toux !

*

Vicaires, curés de campagne, coadjuteurs : pour vos déplacements dans les paroisses, n'utilisez que le cycle Amen. Modèle agréé par le Vatican.

*

Cyclistes, plus de crevaisons, roulez sur la jante ! Automobilistes, plus de contraventions, roulez sur l'agent !

*

Si vous voulez être en forme pour toute la journée, chaque matin, levez-vous du pied droit : le pied droit, c'est le pied de la bonne humeur !

*

Invention française, réussite française, l'Incident Technique est, et restera, le symbole d'un pays jeune, toujours à l'avant-garde du progrès !

*

Si vous ne vous sentez pas bien... faites-vous sentir par un autre !

*

Attention !... Attention !... Un rendez-vous manqué, c'est une affaire ratée. Une affaire ratée, c'est une carrière brisée. Ne manquez plus vos rendez-vous : grâce au calendrier des PTT !... Toutes les dates à dates fixes !... Méfiez-vous des contrefaçons !

*

L'avez-vous remarqué ? Il n'y a qu'à la campagne que l'on ne trouve pas l'air de la ville.

*

À deux pas des Champs-Élysées, en plein centre des affaires, voici, Madame, voici, Monsieur, l'église qu'il vous faut : Saint-Philippe-du-Roule !... Son curé dynamique, ses vitraux reposants, son eau bénite stérilisée !... Permanent, le dimanche de huit heures à midi !... English spoken !... Une innovation : son confessionnal self-service !... Saint-Philippe-du-Roule : la paroisse qui n'amasse pas la mousse.

*

Madame : n'achetez plus de tissus écossais. Écossez-les vous-même !...

*

Les kangourous n'ont pas d'arêtes.
C'est pour ça qu'ils ne peuvent pas nager.
Les sardines n'ont pas de tête.
C'est pour ça qu'on peut les ranger.

*

Qui vole un œuf ferait mieux de voler un bœuf.

*

Qui mange un œuf mange un bœuf.

*

Il y a longtemps un jeune berger simple et naïf jouait de la flûte pour bercer sa solitude. Il rencontra une jeune fille appétissante et court vêtue. Il lui offrit son amour et sa vie. Elle lui rendit la pareille. Et c'est l'appareil en question qui permit d'enregistrer le duo d'amour du jeune flûtiste et de la belle enfant. Musique !

*

Dans une fabrique de flûtes : l'instrument passe entre les mains d'ouvriers qui le polissent, sous la direction d'anciens brigadiers. De police, également. Les flûtes ensuite sont essayées par d'anciens prisonniers évadés, qui connaissent la musique et qui n'ont pas leur pareil pour jouer des flûtes.

*

Pierre Dac : Les habitants des Hautes-Landes, que l'on appelle usuellement les Hauts-Landais, s'indignent de voir que ce nom leur a été volé par les ressortissants d'un pays flamand qui n'y ont aucun droit !

Francis Blanche : Des habitants des Causses nous écrivent : « Est-il juste que notre pays porte le même nom qu'une contrée quasi sauvage située au nord de l'Angleterre ? Nous exigeons que l'Écosse change d'appellation et que les Causses, les nôtres, restent seuls le pays des fameux moutons et du roquefort. Nous ne voulons pas faire causse commune ! »

*

Étudiants, étudiantes, ne vous présentez plus au bac : prenez le pont de Tancarville !...

*

Cet homme a de l'arthrite. Et pourtant, me dit-il,
Il peut avec aisance aller et gambader
Mais c'est quand il veut s'arrêter
Que la douleur, à nouveau, l'horripile.
Moralité : L'arthritique est aisé, mais l'arrêt
[difficile.

*

– Monsieur le commissaire, j'ai perdu mes clefs.
– Bien fait !
– Docteur, j'ai perdu l'appétit.
– Bien fait !

– Mon cher ami, j'ai perdu ma femme.

– Bien fait !

À toutes les plaintes, à toutes les doléances, répondez : « Bien fait ». Un bienfait n'est jamais perdu.

*

« L'Etna, c'est moi », confiait parfois la belle Napolitaine à ses amis les plus intimes.

*

Je suis las comme tous les montagnards. Vous savez que les montagnards sont las !

*

Tony-Adam n'était vêtu que d'une couronne de fleurs de plastique autour de sa taille : une simple mais gracieuse petite ceinture en quelque sorte… ou en quelque short, comme disait l'un de mes amis, ancien boxeur auvergnat.

*

Un tigre du cirque échappé
Est entré dans le poulailler
Une poule fort effrayée
En a pondu un œuf brouillé
MORALITÉ : Mésopotamie[1].

1. Entre le tigre… et l'œuf rate !!

*

Irritchegaraberry proposa un jeu de son pays : cela se jouait avec des cartes et un fronton, des espadrilles et un béret. Il appelait ce jeu, très amusant, la « belote basque ».

*

Il y a eu les *Fables* de La Fontaine, d'accord. Mais, pour ma part, j'ai composé les fables du robinet.

*

Petite maison sous les roses
Dans la forêt
De Rambouillet
Un couple d'amants se repose
Soyons discrets
C'est un secret…
…
Toc, toc, qui donc frappe à la porte ?…
Entrez ! s'écrie le grand barbu.
Bonjour, dit le facteur d'une voix forte,
Une lettre pour vous, Monsieur Landru.
…
Et ce facteur qui s'éloigne a songé
Qu'il est doux d'avoir un foyer.

*

Un jeu inventé par Francis Blanche, le jeu du caillou :

Cela se pratique sur toutes les bonnes plages de galets. Il s'agit de lancer des cailloux sur le crâne des baigneurs et, si possible, de les assommer. Chaque fois que l'un d'eux se noie, on a gagné.

*

Un sport oublié, le jeu de pomme :

Datant de la plus haute Antiquité, puisque Adam et Ève s'y adonnèrent avec ferveur, le jeu de pomme subit plusieurs éclipses au cours de l'histoire du monde.

Remis à la mode en Suisse par le célèbre Guillaume Tell au cours d'un match-surprise où l'on vit Tell père fendre une pomme sur la tête de Tell fils, le jeu de pomme connut une grande vogue.

C'est de ce jeu que le physicien Newton prédisait qu'il deviendrait une attraction universelle.

Puis il tomba dans l'oubli, avec un bruit mou, les hommes étant plus disposés à jouer aux poires qu'aux pommes.

*

Le cure-dent, dernier épisode de la vie du bœuf paisible et filandreux !

*

Je ne sais plus que faire : j'ai consulté deux médecins. Le premier veut m'envoyer à Pau, pour une maladie de foie, et le second à Foix, pour une maladie de peau.

*

L'asperge est le poireau du riche.

*

Il a un côté sympathique, seulement on le voit toujours de face.

*

Il était tellement bête que même un contractuel s'en serait aperçu.

*

Il ne suffit pas de manger du caviar, encore faut-il le digérer.

*

Le grutier est en grève. Il est toute la journée en bas de son engin. Il fait le pied de grue.

*

Rien n'est plus agaçant que de ne pas se rappeler ce dont on ne parvient pas à se souvenir, et rien n'est plus énervant que de se souvenir de ce qu'on voudrait parvenir à oublier.

*

Un gourmet ? C'est un gourmand qui se domine.

*

Les rêves ont été créés pour qu'on ne s'ennuie pas pendant le sommeil.

*

Pour les étrangers, le Français est un monsieur décoré qui redemande toujours du pain.

*

Mon regard perçant est célèbre jusqu'en Iran.

QUELQUES RÉPLIQUES

– Un billet pour Vérone.
– La petite ou la grande ?

*

NÉRON : Je m'ennuie… Je m'ennuie. Je viens de lire *Britannicus* et le récit en vers de mes crimes n'arrive pas à me distraire.
LOCUSTE : Pourtant ce Racine a du talent.
NÉRON : Oui, mais il n'est pas encore né. Alors je m'ennuie. Je m'ennuie de lui.

*

– Je suis inspiré. Donnez-moi une lyre.
– Au cours du change, une lire, ça fait pas gras. Tu préfères pas un dollar ?

*

– Dites-moi, qu'est-ce qui vous a amené à faire le dur labeur d'explorateur ?
– J'ai toujours aimé les grands espaces. Déjà, tout petit, je quittais ma salle de jeux pour aller explorer les couloirs. J'avais le goût de la découverte.
– Et qu'est-ce qui a déterminé votre vocation ?
– C'est le jour où j'ai découvert la chambre de la bonne.

– Ah ?

– J'ai compris à ce moment-là qu'on avait toujours intérêt à chercher plus loin.

*

– Succès, argent et prospérité, mon cher !

– Même dans le désordre votre tiercé m'intéresse !

*

– Qu'est-ce qui vous a valu le prix Nobel d'exploration ?

– C'est moi qui ai découvert le poteau rose. Depuis le temps qu'on le cherchait…

– Et maintenant ?

– Je pars avec l'espoir de trouver.

– De trouver quoi ?

– Le moyen de s'entendre.

*

– Revenir sur votre engagement ? Mais vous m'avez donné votre parole…

– Mon petit, il n'y a rien qui vaut moins que ma parole !… Si… ma signature !

*

– Ma femme a filé hier avec le vice-président.

– Chacun porte sa croix, monsieur le président-directeur général…

– Ne dites pas n'importe quoi. Je suis très embêté. C'était un très bon vice-président !

*

– Qui êtes-vous ?
– Sœur Eva, infirmière diplômée.
– Vous n'avez pas mis votre voile ?
– Quand il n'y a pas de vent, je marche au moteur…

*

– Qu'est-ce que je suis nerveux ! Ça me rappelle mes examens !
– Tu as eu des diplômes ?
– Aucun… c'est pour ça !

*

– Non, mais quand même… Quel personnage difficile ! Mourir pendant trois heures…
– C'est ce qu'on appelle un rôle de décomposition.

*

– De quoi souffrez-vous ?
– Du ver solitaire.
– Mais vous m'aviez parlé d'une rougeole !
– Et alors ? Un ver solitaire n'arrive jamais seul !

*

– Je me trouve pâle en ce moment. Je voudrais aller au bord de la mer.
– Je vous conseille plutôt le bassin houiller du Nord. Vous y passerez une petite semaine et vous en reviendrez noir.

*

– Il s'agit de t'introduire dans la place et de nous servir d'espion.

– Qui ? Moi ? Non, mais dites, ça va pas, chez vous ?

– Comment veux-tu que je le sache ? Je n'ai pas reçu de nouvelles de ma famille depuis deux ans et demi.

*

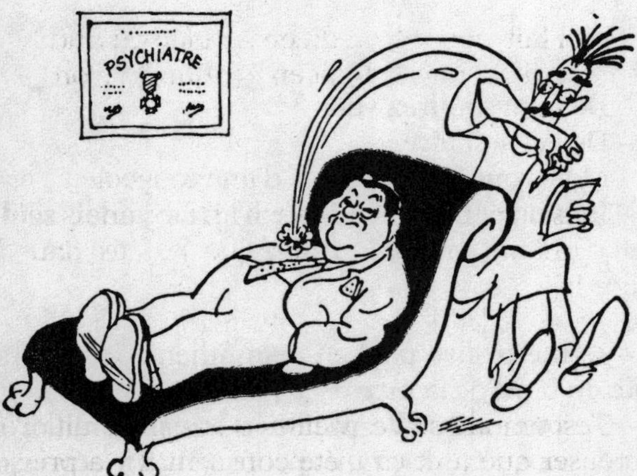

Un policier :

– Monsieur, je tremble pour vous. La mission que vous vous êtes volontairement assignée est dangereuse, très dangereuse. Mais je dois vous dire que je vous envie un peu. J'aurais aimé prendre des risques avec vous. Malheureusement je n'en ai pas le droit. Je suis responsable de mes hommes. Je dois rester ici avec eux. D'autre part, s'il m'arrivait quelque chose, ça ferait tomber, automatiquement, ma prime de prudence.

– Votre prime de prudence ?

– Oui, nous avons droit à un boni de cent cinquante francs par an si nous ne nous exposons pas à des dangers inutiles. L'État tient avant tout à conserver ses serviteurs, et ça lui revient moins cher que de payer des obsèques officielles. Vous connaissez le prix des couronnes actuellement ? C'est inabordable !

*

– Ceci fait, comme on dit en Afrique du Sud.

– Ceci dit, comme on dit en Afrique du Nord.

*

– Penser, penser… j'ai perdu l'habitude : il y a quand même vingt-cinq ans que je suis dans la police !

*

– C'est émouvant ces vieilles pierres. Ça fait drôle de penser que tout ça a été construit il y a près de deux mille ans !

– Comme le saucisson.
– Quel saucisson ?
– Le saucisson de Milan !
– Imbécile. Si tu recommences, je te bâillonne.
– Comme le jambon.
– À la prochaine charcuterie, tu vas te prendre ma main sur la gueule !
– Si on ne peut même plus s'en payer une tranche !

*

– Docteur Antoine Goglu. Expulsé de la Faculté de médecine pour trafics de stupéfiants. Radié de l'Ordre pour avortement et pour ablation clandestine des amygdales. Recherché par son propriétaire pour non-paiement de son loyer. Et, actuellement, en stationnement interdit, sur un passage clouté.

*

– Je jouais le garçon d'hôtel dans les pièces du théâtre bourgeois. Mais, depuis la guerre, il y a de moins en moins de garçons d'hôtel dans les pièces. Pourquoi ?
– La Sécurité sociale, sûrement.

*

– J'accepte de travailler pour vous, étant bien entendu que vous me paierez quatre millions par mois.
– J'ai horreur des questions d'argent. Disons deux millions cinq.

– Entendu, trois millions. Mais je serai à votre disposition que quatre jours sur trente, sauf si ces jours sont fériés.

– C'est peu.

– Pendant les jours où je serai à votre disposition, il est bien entendu que je n'aurai à fournir aucun travail, aucune activité de quelque ordre que ce soit. Je pourrai trôner sur un sofa, croquer quelques gâteaux secs, faire des mots croisés ou des réussites. Je serai nourri, logé, blanchi, traité avec déférence et affection.

*

– Qui est de garde aujourd'hui ?

– C'est Casbonbon, monsieur le commissaire.

– Où est-il ?…

– Il est allé faire pipi. Le voilà.

– Alors, inspecteur, c'était bon ? Vous êtes en état de reprendre votre service maintenant ?

– Miction accomplie, chef !

*

– Comment va-t-on appeler notre club ? Il faut quelque chose qui fasse vacances. Le soleil, le grand air, la mer…

– Méditerranée, c'est déjà pris, il faudrait trouver une autre mer.

– Club Égée ?

– Trop savant.

– Club Manche ?

– Trop pauvre.

– Club de la mer Morte ?

– Trop triste.

– Club Pacifique ?
– Trop subversif !

*

– Dis-moi, tu ne peux pas me loger ce soir ?
– Ben… j'habite chez une copine.
– Oh, je te demande pardon.
– C'est pas ça, mais on est déjà sept !

*

– Je n'aurais jamais dû te laisser t'installer dans mon hôtel. Le directeur de la chaîne vient de débarquer avec un escadron de comptables… d'une minute à l'autre ils vont tomber sur ta note.
– Ils ne se feront pas de mal : elle est épaisse !

*

– Monsieur, je vais souvent voir répéter votre troupe de théâtre. Je voudrais tellement jouer le rôle du père… le mineur polonais…
– Comment vous appelez-vous ?
– Wladimir Alexandrovitch Sashadinowitchevsky.
– J'espère que c'est vous qui payez les affiches !

*

– Viens à la maison, tu coucheras par terre avec moi.
– Qui couche dans ton lit ?
– Personne. C'est un lit encastré dans le mur. Je n'ai jamais pu le faire sortir !

*

– Je dois trouver cinquante mille francs ! Enfin, il y a bien un type qui a cinquante mille francs à Paris, non ?

– S'il y en avait un, tu l'aurais déjà tapé. Attends la génération suivante !

*

– Êtes-vous prêt à me payer ?

– C'est mon idéal dans la vie.

*

– J'ai réussi à me faire inscrire dans cet hôtel.

– Le gars de la réception n'a pas tiqué ?

– Je l'ai regardé dans les yeux… comme ça, comme les gangsters font aux employés de banque.

– J'ai compris, tu l'as eu par le rire.

*

– Je suis en train de me faire expulser. Ils sont en train de tout mettre sur le trottoir : mes livres, mes papiers, ma tête de cerf…

– Tu as une tête de cerf chez toi ? Pourquoi ?

– Parce qu'il n'y a pas la place pour un cerf tout entier !

*

– Je n'ai pas d'argent, mais j'attends un commanditaire pour votre pièce.

– Un commanditaire ?

– Un commanditaire est un monsieur qui perd de l'argent au théâtre pour payer un peu moins d'impôts.

– Mais alors… moi j'apporte la pièce. Si un autre apporte l'argent, vous servez à quoi ?

– Il faut bien que quelqu'un fasse les présentations, non ?

*

– Allô, maman ! C'est toi ?… c'est moi !… Hervé…

– Non, je sais bien qu'il n'est pas là… c'est lui au bout du fil !…

– Oui, c'est toi à un bout… mais à l'autre bout c'est moi… c'est lui… enfin nous !

*

– Quelle heure est-il ?

– Pourquoi tu demandes l'heure tout le temps ?

– Ben… parce qu'elle change tout le temps !

*

– J'ai faim, j'ai faim, j'ai faim ! Je mangerais *même* des œufs pochés avec des épinards et des croûtons rissolés au beurre…

– Pourquoi même ?

– Parce que j'ai horreur des œufs pochés, des épinards, et des croûtons rissolés au beurre.

*

– Nous avons faim. Nous n'avons pas encore dîné, voyez-vous…

– Vous voulez dire déjeuné ; il est quinze heures.
– Non… dîné… le dîner d'hier soir.

*

– Oh, je t'en prie ! Comment je leur explique, moi ? Si je dis que tu es mon beau-frère, je saute !
– Pourquoi ? Il y a des beaux-frères dans les meilleures familles !

*

Discrétion ? Discrétion. Mais, bien sûr, je serai une tombe… en plus gai.

*

– Vous êtes un escroc.
– Comment ?
– Non. Mais ne l'écoutez pas. C'est un fou, un malade, un dément, un attardé, un refoulé. Il a débuté comme antenne collective dans un H.L.M.

*

– C'est la première fois de ma vie que je reste si longtemps sans manger.
– On voit bien que tu n'as pas connu l'Occupation !
– Ah, non, non. Et vous ?
– Moi non plus. J'étais prisonnier, moi, monsieur… en Suisse.

*

– Le camping, c'est Trifouillo.

– Je vous demande pardon ? Vous avez dit quelque chose.

– Oui. J'ai dit : Le camping, c'est Trifouillo !

– Ça n'a aucun rapport avec ce qu'on était en train de dire.

– Non, mais on m'a demandé, on m'a dit : « Si vous passez à la télévision, essayez de caser ça, n'est-ce pas, pour les… » Alors j'ai pensé que ça gênerait le moins. Parce que c'est pas commode. Et puis y en a d'autres, oh la la. Il y a la lessive aux enzymes gloutons, les pâtes Bouffe-tout-cru aux œufs frais. C'est pas de la tarte. Et encore, ça serait dans *Athalie* ou dans *Cher Antoine* – Oui, je viens dans son temple adorer Bouffe-tout-cru… Là, ça allait, seulement c'est pas du Racine. C'est pas d' l'Anouilh non plus.

*

Quelle mentalité dans les hôtels français ! Après ça on s'étonne que les Américains préfèrent aller au Viêt-nam. Évidemment, évidemment.

*

La fumée ne vous empêche pas de tousser ?

*

– Vous savez, monsieur Bertold, je ne pensais pas à ça. Moi, je songe seulement à me loger, à me nourrir, enfin vous savez ce que c'est, il faut quand même un minimum vital.

– Le SMIG !

– Qui donc ?

– Le SMIG !

– Ah, je ne connais pas.

– Un ami polonais à nous, aucune importance…

*

– À quoi bon resserrer davantage ? J'ai déjà épousé votre fils, Hubert. Nos maisons sont bien liées. Ce mariage serait une folie. Allons, bon papa, le fait d'épouser ma fille serait une folie. Irène, la fille de mon premier mariage, est la belle-fille de votre fils. Il trouverait ridicule de la donner en mariage à son père. Songez, bon papa : si vous épousez la fille de votre bru, qu'est-ce que ça va donner ?

– Je serai le gendre de mon fils, et votre fille deviendra votre belle-mère. Voilà !

– Et si vous avez un enfant ?

– Ce sera très mignon. Le petit sera en même temps votre petit-fils et votre beau-frère, l'enfant de votre fille et frère de votre mari. Pour les impôts, ce sera beaucoup mieux.

– Et si, moi, j'ai un enfant ?

– Bien, il deviendra le frère de votre belle-mère et le petit-fils de votre mari. Charmant !

– Charmant… Si nos enfants, plus tard, les vôtres ou les nôtres, font la même folie que nous, qu'est-ce que ça fera ? Songez-y, bon papa. Imaginez cette salade, cet imbroglio, cette apocalypse. Entrevoyez cette famille de drames et de complications si le fils de ma fille qui est mon beau-frère épouse la fille de mon mari qui est sa belle-sœur, je serai en même temps la grand-mère de mon oncle, la nièce de mon cousin et la sœur de mon petit-fils. Et vous, vous dont je suis déjà la bru et la belle-sœur, vous deviendrez mon neveu et le cousin de votre tante. Mon mari, votre fils, sera le petit-fils de sa cousine germaine, le beau-frère de son grand-père et l'arrière-cousin de son propre enfant, tandis que mon gendre sera le grand-père de son neveu et le beau-frère de sa grand-mère par alliance. Ma fille que vous voulez épouser sera sa propre grand-tante, la sœur de son fils, frère de sa cousine, et la belle-sœur de sa bru, tandis que mon enfant, le pauvre petit, sera l'oncle de son gendre, le cousin germain de son propre frère tout en restant le fils de sa cousine, le beau-frère de sa cuisinière, le petit-fils de son beau-frère. Et sa mère Jésabel, pompeusement parée... Non, croyez-moi, renoncez à ce mariage. Ce serait folie.

*

On peut pas expulser d'un hôtel quelqu'un qu'est malade. C'est la loi. Rappelle-toi ma dépression du Claridge, mes oreillons du Négresco.

*

Êtes-vous heureuse d'être femme canon ? Peut-être voulez-vous viser plus haut ?

*

La demande en mariage :

JACQUELINE MAILLAN : Non, non, non, ce ne serait pas raisonnable.

FRANCIS BLANCHE : Mais je ne suis pas raisonnable, je suis amoureux.

JACQUELINE MAILLAN : Mais ce mariage serait une folie.

Francis Blanche : Un mariage est toujours une folie, madame.

Jacqueline Maillan : Mais c'est du ciment qu'il y a dans votre petit crâne.

Francis Blanche : Mais qu'est-ce que je peux faire pour vous convaincre ? Voulez-vous que je me roule par terre ? Voulez-vous que je bave… à cette heure-ci ? Vous me direz : il n'y a pas d'heure pour les baves, d'accord !

*

Le journaliste : Puis-je vous poser une question ?

Francis Blanche : Dans l'état où je suis, vous feriez mieux de me poser des ventouses !

*

– Y a-t-il l'eau courante ?

– Pas là-haut. Comme il n'y a pas de tuyau, ni de robinet, j'ai engagé un petit garçon qui porte des bouteilles d'eau minérale et qui fait le tour du terrain au pas de course. Comme ça, on aura l'eau courante.

*

À un Japonais :

– Approchez, monsieur. Vous êtes étranger ?

– Pas dans mon pays.

*

– Il est… j'ose pas le dire.

– Il est quoi ?

– Il est… japonais.

– Japonais ? Et alors ? Il ne l'a sûrement pas fait méchamment !

*

Devant un agent de police :

– Je veux un avocat !

– Désolé, ce n'est pas la saison, nous n'avons que des pamplemousses !

*

– Avec quoi l'avez-vous anesthésié ?

– On a commencé au bicarbonate, on l'a continué à l'apéritif et on l'a fini à la matraque.

– La matraque était stérile ?

– Oh voyons ! Nous ne sommes pas des brutes !

*

– Vous êtes libre en ce moment, monsieur le Japonais ?

– J'étais écrasé de travail il y a quelque temps. J'étais un jaune occupé. Mais, à présent, je peux travailler en jaune libre.

*

Dans une fabrique de paille :

– Dites-moi, mademoiselle, il y a longtemps que vous travaillez à la paillerie ?

– Depuis quinze ans.

– Mais vous semblez toute jeune !

– Non, depuis l'âge de quinze ans.

– Ah… c'était une vocation ?

– Oh oui. Mon grand-père, celui qui a sauté en 39, avec la poudrière, il m'a toujours dit : « Tu finiras dans la paille. » Il avait raison.

– Quelle clairvoyance ! Dommage qu'il ait sauté, si jeune, sur une poudrière…

– Que voulez-vous ! Il avait bien vu la paille que j'avais dans ma vie, mais pas la poudre qu'il avait dans la sienne.

*

À une pâtissière :

– Prenez un éclair au café, retirez la crème avec une cuillère et remplacez le café par du chocolat.

– Vous ne préférez pas un éclair au chocolat ?

– Ne compliquez pas les choses, le client, c'est moi.

*

– À votre avis, pourquoi est-il dans cet état ?

– Je paierais très cher pour le savoir.

Oui, j'aurais payé, très cher si j'avais eu de l'argent. Ou plutôt non ! Si j'avais eu de l'argent, je n'aurais rien payé du tout. J'aurais été à la chasse ou à la pêche au thon. Nous sommes cernés par les thons, tous les pêcheurs vous le confirmeront.

*

– Je vous aurai prévenu. À bon entendu, saleur !

– Pardon ?

– À bon entendeur, salut !

Et le commissaire Puteborgne s'en alla, sur cette contrepèterie dénuée de signification. Il devait aimer l'art abstrait.

*

– Je ne peux pas signer, je suis illettré.
– Alors faites une croix.
– Je ne peux pas, je suis musulman.
– Bon, dessinez un rond !
– Si je savais faire des ronds, je ne serais pas concierge.
– Alors, crachez sur le reçu. S'il y a une contestation, on fera analyser la salive.

*

– Nous allons voir ! Allongez-vous. Ouvrez la bouche… faites « Hue » ! Ouvrez bien les yeux… louchez ! Bien ! Ouvrez les oreilles et faites « Pschiiitt » ! Bon ! Ouvrez votre portefeuille… faites « Docteur, voilà 2 000 francs » !
– Docteur, voilà 2 000 francs.
– Donnez-les. Merci. Au revoir !!!

*

– Tout le monde a plus ou moins quelque chose qui cloche physiquement. Moi quand j'avais quinze ans, j'ai une dent de sagesse qui m'est poussée à la fesse gauche. Je n'osais même plus montrer mon derrière à maman. Pourtant je l'aimais bien…
– Qui ça ? Ta dent de sagesse ?
– Non, ma maman. Heureusement qu'elle est partie sans douleur !

– Qui ça, ta maman ?
– Non, ma dent de sagesse.

*

– Enfin seuls !
– On n'est pas seuls voyons, puisqu'on est deux !

*

Lors d'une partie de pétanque :
– Ce coup-ci, c'est moi qui gagne !
– Tu es fou, la mienne est plus près. Tiens, regarde, juste la longueur de ma chaussure !
– Et alors, moi aussi, ça fait une chaussure !
– Créature bornée ! Tu chausses du 46 et moi du 40 !
– Évidemment, si vous m'attaquez sur mon physique !

*

– Il était nu comme un gobelet !
– On ne dit pas « nu comme un gobelet », on dit « nu comme un ver ».
– Je sais bien. Mais j'étais tellement soufflé que, si j'avais eu un verre à la main, il se serait cassé. Un gobelet, c'est quand même plus solide !

*

– Oh, chéri ! Toi, déjà ?
– Ouais !... D'où vient ce cigare ?
– Mais... je... je...
– D'où vient ce cigare ?!!

– Mais, chéri, je te jure, je…
– D'où vient ce cigare ?!!!!
Un jeune homme, sortant la tête d'un placard :
– De La Havane !

*

Pour rire et faire rire en société, demandez le recueil des bons mots d'Olivier Le Daim, barbier de Louis XI :

– Eh bien, Olivier, as-tu taillé ma perruque ?

– Non, Sire. Les cheveux sont trop durs. Je ne peux pas les couper.

– Moralité, Olivier ?…

– Moralité : les faux tifs ne sont pas toujours coupables.

*

– Deux cent cinquante francs par jour et un bol de riz, ça vous va ?

– Puis-je me permettre de vous demander si, à votre avis, la face postéro-inférieure de mon individu présente une similitude avec un gallinacé adulte ?

– Vous voulez me demander par là si votre…

– Si c'est du poulet, oui.

*

– Deux cent cinquante francs par jour, plus un bol de riz.

– Je suis au régime.

– Alors j'ajoute des bananes !

PENSÉES DÉLIRANTES

Les huîtres meurent dans le citron, les truites dans le court-bouillon, les langoustes au fond d'un chaudron et les dindes dans les marrons. La rascasse dans l'aïoli, les maharadjahs dans le patchouli, les doux dingues dans la folie et les généraux dans leur lit. Mais quand sonne leur heure, les escargots meurent debout, debout dans l'ail et le beurre.

*

Charles Martel avait reçu une forte somme des marchands de farine pour la bataille de Poitiers contre les Sarrasins. Un slogan formidable : le sarrasin, c'est du blé noir ; écrasez le sarrasin et achetez de la farine blanche ! La bataille de Poitiers était lancée !

*

Les P.T.T. vont entamer une campagne pour inciter les gens à envoyer leurs cadeaux par la poste : des mandats, des chèques postaux, des choses plates. Même, pour le mois de décembre, on pourra envoyer, non seulement des cadeaux, mais des gifles par la poste ! À la fin de la journée, le facteur, il en aura sa claque. Vous savez comment ils appellent ça ?... La tarte postale. C'est commercial ! Évidemment, y a une petite surtaxe, mais c'est remboursé par la Sécurité sociale !

*

Mal payés, mal nourris, mal logés, mal blanchis, les membres du personnel opératoire des hôpitaux parisiens ont décidé de passer à l'action directe. Aussi, pour attirer l'attention des pouvoirs publics sur la nécessité des réajustements, le syndicat a décidé d'avoir recours au procédé de la greffe-surprise : « Ne pouvant manifester par des arrêts de travail, nous les chirurgiens avons décidé de faire du zèle. Pendant le sommeil de nos malades nous leur grefferons quelque chose en plus, un machin insolite dans un endroit inhabituel. Avec les greffes-surprises, non seulement on va faire de l'action sociale, mais qu'est-ce qu'on va se marrer ! »

*

Ô Saint-Yorre, Saint-Yorre, priez pour nous, vous si légère. Saint-Yorre, vous si gazeuse, si minérale, si naturelle, priez pour nous. Protégez notre foie. Ayez pitié de nous. Les hépatiques, les diabétiques, les dyspeptiques, les hépato-biliaires. Facilitez nos digestions et régularisez nos intestins. Ô Saint-Yorre, tout d'abord décantée puis regazéifiée au gaz naturel !

*

Les réactions en chaîne provoquées par la dévaluation de la Livre ont incité le gouvernement français à prendre une mesure dont la portée n'échappera qu'à ceux qui ne sauront pas la rattraper : la dévaluation du kilo !

*

Les vieilles culottes de Pau, charmante ville du Béarn, sont célèbres dans le monde entier. Les fabriques sortent environ quinze mille vieilles culottes par jour. Hélas ! La terre est grande. Et il n'y a qu'une seule ville de Pau. Il en faudrait cent, il en faudrait mille ! Car le monde entier est mal culotté ! Le monde entier manque de Pau !

*

Un érudit lorrain collectionne les casiers judiciaires des grands hommes. Parmi les condamnations les plus inattendues, citons celles de Chopin, poursuivi en 1841 pour tapage de Nocturne ; de Charles Gounod en 1859, pour Faust et usage de Faust. Victor Hugo, lui, fut condamné, en 1877, pour abus de conscience, et José Maria de Hérédia pour Vol de gerfaut hors du charnier natal.

*

Le bal des scaphandriers aura lieu ce soir, au fond du port du Havre, sous 15 mètres d'eau. À minuit, concours de la plus belle bulle et lâcher de poissons. Cotillons, imperméables et confettis en plomb. Le scaphandre de soirée est de rigueur.

*

On pratique depuis peu, au terrain d'aviation de Toussus-le-Noble, un sport dangereux mais passionnant : le ski aérien, qui se pratique comme le ski nautique, mais dans les airs et traîné par un avion. De belles heures en perspective, pour les sportifs amateurs de grand air.

*

Pour faire pendant à la fameuse Semaine de bonté, le casino d'Enghien organise une grande Semaine de la muflerie, au cours de laquelle tous les coups seront permis. Partant du principe qu'on doit être bon toute l'année, et non pas juste une semaine, le Comité de la muflerie espère que, pendant sa Semaine, les participants pourront se libérer de leurs mauvais instincts. Le dimanche après-midi, grand match de claques dans la gueule. Le soir, bal des écrase-pieds et élection du Mufle idéal. Professionnels s'abstenir.

*

À la suite du succès obtenu par la fête américaine, « Un tramway nommé désir », la direction des transports en commun a décidé d'intensifier son effort de propagande. Après « Un tramway nommé désir », nous verrons donc « Un taxi nommé folie », « Un avion nommé luxure », « Un métro nommé envie », « Un trolleybus nommé Joseph » et « Un camion nommé directeur-adjoint des services administratifs de la douane en vertu d'un arrêt ministériel en date du 10 octobre ».

*

Le service de la navigation fluviale communique :

Dans le but de conserver à la Seine sa limpidité bien connue, il est rappelé, aux navigateurs désirant écrire à leurs familles, qu'il est interdit de jeter l'encre dans le fleuve et dans ses affluents. Toutefois, la ville de Paris ayant à soutenir une réputation d'affabilité et de sourire, seront exceptionnellement autorisées les encres sympathiques qui ne peuvent nuire en rien au climat aimable de notre chère capitale.

*

La science au service de l'humanité souffrante :

La néo-éthylite, ce mal mystérieux et terrible opérant dans la population des ravages de plus en plus considérables, les membres du conseil de l'ordre de la faculté de Bercy, réunis en cession extraordinaire, ont décidé, d'un commun accord, la création d'une fédération des « Donneurs de Vin », présents à toute heure pour une transfusion indispensable.

Ainsi, ce jour, grâce à l'obscur dévouement de quelques hommes, la néo-éthylite est battue en brèche. Déjà elle recule et, bientôt, elle sera vaincue !

Ah ! Bravo les donneurs de vin… et… merci !

*

Réconcilier les œufs brouillés, faire que le beau temps puisse se coucher, apprendre aux chandelles à se moucher, aux lampes-pigeons à roucouler, amnistier les portes condamnées à l'exception des portemanteaux, faire sauter les plombs à coups de trique et les pommes de terre au plastic, exiger que tous les volcans soient ramonés une fois par an, rendre obligatoire et laïque le port du slip en céramique mais interdire aux moins de seize ans le port du Havre en cas de gros temps, simplifier les lignes d'autobus en supprimant les terminus et, pour prouver qu'on est pas chiches, faire beurrer tous les hommes-sandwichs, voilà quel est notre programme. Voilà le programme. Vendez le programme. En vente partout…

*

Le Congrès mondial de la preuve par neuf (qui a ouvert sa session jeudi, au Vélodrome d'Hiver) met en garde le public contre certaines campagnes de presse et rappelle aux intéressés que sept fois neuf font toujours soixante-trois et non soixante-cinq, comme voudraient le faire croire quelques milieux extrémistes, enclins à la surenchère. Tout changement ultérieur ne sera valable qu'après notification publiée au *Journal officiel.*

*

Entrez, entrez, mesdames et messieurs ! Venez voir les policiers dans leurs mœurs et coutumes ! Venez les voir dans leurs interrogatoires et leurs enquêtes ! Messieurs les gangsters sont cordialement invités, sans engagement de leur part. Venez visiter le Salon des Aveux Spontanés !

*

Voici les cours officiels pratiqués ce mercredi 20 : Beaujolais nouveau : la fillette, cinq francs la passe. Vin d'Alsace : le bock, douze francs ; le demi, six francs. Vin de la Loire : la pichenette, un louis. Bordeaux rouge : le prolétaire, une thune. Bordeaux blanc : la communiante, vingt centimes. Bordeaux mauve : le seau, mille francs. Vin de l'Hérault : la rapière, deux sous. En raison de l'importance des arrivages, ce dernier cru – y compris les vins cuits – n'est pas remboursé par la Sécurité sociale.

*

Encore du nouveau ! Toujours du nouveau !

Sept fois neuf, quarante-sept ! Quatre fois trois, vingt et un ! Pi égale six.dix-huit.trente-deux ! Loir-et-Cher, chef-lieu Tours, Indre-et-Loire, dans les Deux-Sèvres !

*

Le *Parti d'en Rire* est heureux et fier d'aviser ses adhérents et ses sympathisants qu'il a réussi à trouver la solution du redoutable et insoluble problème de la circulation dans Paris. Et de la manière suivante : nous avons, d'abord, calculé le nombre de roues circulant quotidiennement dans la capitale. Nous avons ensuite divisé par quatre pour obtenir le nombre de voitures en circulation. Nous avons obtenu le coefficient 12,85. En multipliant ce coefficient par le nombre des rues de Paris et en divisant ce résultat par la superficie du périmètre de la capitale, nous avons obtenu un coefficient de 26,8 pour les jours pairs, et de 51,9 pour les jours impairs, ce qui nous a donné un coefficient moyen de 78,7, que nous avons mis de côté, après l'avoir fait, soigneusement, bouillir. Or, pendant qu'il était en train de sécher, ce coefficient nous a révélé, à l'analyse, que le problème de la circulation était, uniquement et rigoureusement, d'ordre central. C'est, en effet, dans le centre de Paris que la circulation est la plus dense et la plus difficile. Or, qu'est-ce que le centre ? Le centre est le point qui est à égale distance de tous les points de la circonférence du cercle ou de la surface de la sphère. En conséquence, la solution s'impose d'elle-même : il suffit d'étendre, d'élargir le centre, de le décentraliser, en quelque sorte, en un mot, de le rendre périphérique, pour que la question soit réglée, une fois pour toutes, et à la satisfaction générale. De cette manière, lorsqu'un automobiliste se trouvera, par exemple, à la Porte de Saint-Cloud ou à la Porte de La Chapelle, et qu'il saura que, malgré ça, il est en plein centre, il n'insistera pas pour aller plus loin, et demeurera sur place, pour vaquer à ses occupations qui l'appellent du côté de l'avenue de l'Opéra.

Voilà, vous voyez, c'est tout simple, mais il fallait y penser.

*

La Société protectrice des cornichons rappelle aux consommateurs que la loi du 23 novembre 1925, toujours en vigueur, interdit de précipiter dans le vinaigre les cornichons vivants.

Le paragraphe 9 alinéa 3 de la même loi fixe à 13 ans l'âge minimum du cornichon adulte, ou concombre.

*

J'ai découvert, par expérience personnelle et mathématiques privées, qu'un immense bonheur vaut plus qu'un pont de Tancarville... et que quatre tours Eiffel montent moins haut qu'un grand amour.

*

Petites observations philosophico-gastronomiques :

Le gruyère râpé tient dans ses fils toute l'harmonie universelle. Un monde sans gruyère serait un bien triste monde.

Un de mes oncles, commissaire-priseur à Toulouse, prisait beaucoup le fromage. Une bonne prise de fromage vaut bien une prise de guerre. Et l'on ne prise plus guère le tabac, sauf dans certains passages.

*

Grâce au Sahara la prospérité est revenue. Le consortium africain des mirages, par exemple, satisfait immédiatement toutes les demandes. Voyez ce malheureux voyageur perdu dans les sables :

– J'ai soif... j'ai soif... j'ai soif...

Il vient d'être repéré par un hélicoptère du consortium. Et quelques instants plus tard :

– Oh !... un ruisseau...

Le pauvre assoiffé s'approche, le regard brillant. Il s'apprête à y tremper ses lèvres, quand, soudain :

– Oh !... Le ruisseau a disparu...

À côté de lui se dresse un receveur de la Compagnie :

– Mirage simple : ruisseau, 500 francs ; supplément pour clapotis, 75 francs ; taxe de séjour, 12 francs. Vous me devez 587 francs, m'sieur !

*

En plein cœur de la Provence, à quelques lieues de Marseille, blotti parmi les pins que fouette le mistral, bercé par la Durance, grisé par la senteur du romarin sauvage, un petit bourg souriant, Savon-de-Provence. Depuis plusieurs siècles, le nom de Savon est célèbre dans le monde entier. C'est en effet au flanc de la colline qui l'abrite que l'on arrache ce produit que l'on appelle « savon », du nom de son village natal. Malgré la concurrence du Sénégal, qui a lancé sur le marché le triste savon noir, c'est le savon de Savon qui reste le premier. C'est lui qui donne aux habitants de ce village, tous ouvriers à la fabrique ou à l'usine, ce sourire réjoui et cet optimisme :

– Alors collègue, savon ?

– Savon !

*

En cas d'incendie, n'attendez pas que le feu s'arrête de lui-même, cela risque de durer trop longtemps. Hâtez la combustion, en arrosant avec un tonneau d'essence. Puis jetez dans le foyer tout ce qui est menacé ou risque de l'être et tout ce que vous trouverez alentour.

Plus vite le combustible sera détruit, plus tôt le feu s'arrêtera. Mais attention aux voisins… qui peuvent toujours appeler les pompiers.

*

Une révélation : les ganglions sont des fauves qui vivent dans le désert, comme les lions, mais en bandes.

*

Le ministère des Ponts et Chaussées rappelle aux usagers que, dans le triangle rectangle, le carré de l'hypothénuse doit être égal à la somme des carrés des deux autres côtés. Toute infraction sera punie avec toute la rigueur de la loi.

*

Ami qui visites la Suisse
Malheur à toi si tu confonds !
Pour éviter la Chaux-de-Fonds
Il faut passer par Saint-Sulpice

*

À la claire tontaine
M'en allant-pas-souder
J'ai trouvé-locipède
Que je Mississippi.
Il y a longtemps queue-de-vache
Jamais je ne tourniquet.

*

Le serpent et le cor de chasse, fable express :
Un jour, un grand serpent trouvant un cor de chasse
Pénétra dans le pavillon.
Et, comme il n'avait pas beaucoup de place,

Dans l'instrument le reptile se tasse.
Mais terrible punition quand il voulut revoir
Le grand air et l'espace
Et la vierge forêt aux magiques décors.
Il eut beau tenter maint effort
Il ne pouvait sortir du cor
Le pauvre boa constrictor
Et, pâle, il attendit la mort.

MORALITÉ :
Dieu, comme le boa est triste
Au fond du cor.

*

Il est très bien, dans une fable,
De faire parler un camembert.
Son style est coulant, agréable,
Et puis il fait si bien les vers.

*

Homme ou fromage, c'est pareil,
La raison du plus... fort est toujours la meilleure.

*

Projets de solidarité hygiénique :

Il faudrait organiser une Grande Semaine de l'eczéma. On demanderait à la troupe des Épidermes de la Sorbonne de jouer l'Herpès, d'Aristophane, et Psoriasis d'Eschyle et, à l'anthrax, une exposition de croûtes au foyer d'inflammation, avec dégustation de glaces à la pénicilline.

De même, le Comité national pour la diffusion de la conjonctivite pourrait organiser une distribution de pommades, avec séances publiques de grattage et démonstration d'acné juvénile, par le Sporting Club de l'Haye-Les-Roses et sa section d'urticulture.

Le Théâtre de l'Opéra, de son côté, annoncerait une reprise de l'Acné, puis du Spectre de la Roséole, ainsi que la création du ballet espagnol : Impétigo. Il serait prudent de louer ses plaques.

*

Un gisement de pâte dentifrice a été découvert dans la vallée du Var. Aujourd'hui, vers 17 heures, un jet de gaz à la menthe a jailli du sol, suivi d'une gerbe d'eau dentifrice, puis d'une coulée de pâte rose, aussitôt recueillie, à la cadence de 120 tubes à l'heure.

*

Hommage aux bien-portants :

Il y a des gens auxquels on ne rend jamais hommage et pour lesquels on ne fait aucun effort : ce sont les bien-portants, les gens qui vont bien, qui ne demandent jamais rien à personne, qui ne coûtent pas un sou à la Sécurité sociale, tout en continuant à cotiser, comme les autres ; les bien-portants, qui ne font appel ni à la pitié, ni à la charité, ni aux bons sentiments, qui ne sont une charge ni pour leur famille, ni pour la société ; les bien-portants, qui ne se font jamais porter pâles, qui ne sont jamais en congé de maladie et toujours bons pour le service armé, jamais immobilisés, toujours mobilisables !

Les bien-portants ont, eux aussi, des droits sur nous : notamment celui d'avoir leurs quêtes, leurs œuvres, leurs journées nationales !

Je réclame aux pouvoirs publics, pour tous ceux qui n'ont jamais demandé d'argent aux Assurances sociales, une prime de bonne santé !... de même que les autres assurances donnent un bonus à leurs clients qui n'ont pas d'accident.

C'est logique, non ?

Alors, mes amis, tous, la main à la poche, pour la Journée nationale des bien-portants !

*

Après le Festival de Cannes s'ouvrira un Festival de Parapluies, où seront présentées, au cri de « Sauve qui pleut », les dernières créations de l'ombrellerie mondiale !...

*

Une belle initiative sociale : les paquets de mer, à l'intention des nécessiteux, qui ne peuvent s'offrir un séjour sur les bords de la Riviera !... La Croix-Rouge organise un envoi régulier de paquets de mer. Ces paquets comprennent un peu de sable, un oursin, des algues, deux coquillages et une fiole d'eau salée. Grâce aux paquets de mer, les enfants des villes profiteront de la grande bleue, aussi pleinement que l'Aga Khan.

*

M. Petit-Pas-Cardinet, le célèbre accordeur de participes, vient d'arriver dans la capitale. Les personnes désireuses de faire accorder leurs participes pourront s'adresser à ce fameux spécialiste, dont l'expérience fait merveille dans les cas les plus ardus. Notamment quand le complément direct est placé avant le verbe. Vous faites bien accorder vos pianos. Faites donc accorder vos participes.

*

À l'occasion des grandes chaleurs, le Comité des fêtes de Versailles organise une Semaine de la Glace, qui débutera par la création d'une pièce de M. Sorbet : *Ice Cream et Châtiment.* Et dans la célèbre galerie des glaces du château aura lieu la première mondiale du film : *L'Étrange Napolitaine,* dont le programme, rédigé en langage givré, sera imprimé sur papier glacé.

*

La Banque de France fait savoir qu'à l'encontre de l'E.D.F. elle n'a nullement l'intention de participer à une nouvelle répartition équitable de coupures entre les usagers.

*

En raison du succès obtenu par le dimanche de Pâques, le ministère des Jours fériés a décidé de renouveler cette manifestation. En conséquence, le lundi de Pentecôte, qui tombait le mardi 6 juin, sera reporté au jeudi 8, pour permettre une réédition du dimanche de Pâques. Les cloches qui n'étaient pas revenues de Rome, lors des dernières fêtes, pourraient profiter de cette nouvelle occasion pour regagner leur base et rentrer dans la légalité.

*

La police des nurses :

Nuit et jour, devant un plan de Paris, où s'allument et s'éteignent des lampes de couleur, des équipes sont en contact radio permanent avec les brigades des squares :

– Allô, P.N. 27, m'entendez-vous ? Ici, H4.

– Je vous entends cinq sur cinq. Parlez.

– Nous sommes aux Tuileries, porte Nord. Rien à signaler. Terminé.

– Allô, H14 ? Transportez-vous d'urgence au parc Monceau, côté Rotonde. Au point Fox-Trot-Isidore. Je dis bien Fox-Trot-Isidore. On nous signale une nurse au comportement bizarre. Vous m'entendez, H14 ?

– Je vous entends quatre sur cinq, P.N. 27. Nous filons sur le parc Monceau. Terminé.

Aussitôt qu'un cas est signalé, la police des nurses entre en action. La patrouille volante se rend au point fixé. Et l'œil exercé des inspecteurs a tôt fait de déceler la nourrice frauduleuse, parmi les centaines de nurses installées tout au long des allées du parc.

La police des nurses ! Bienfaisante organisation qui, en silence, sans le secours des bâtons et des matraques, protège les nourrissons contre le danger menaçant des fausses nurses et prépare, pour demain, une génération de jeunes Français forts, souriants, musclés et confiants dans la force tutélaire de la police éternelle.

*

On signale plusieurs éboulements de trachéite dans les gorges du Tarn. Des sommités médicales se sont rendues sur place pour examiner le fond des gorges, qui leur ont semblé très irritées. Des pulvérisations de bleu de méthylène sont effectuées à l'aide d'hélicoptères et des badigeonnages sont administrés par les équipes sociales des Ponts et Chaussées. Quand la trachéite sera maîtrisée, les gorges du Tarn retrouveront leur clarté, leur charme, bien connus des touristes…

*

Le Comité pour la vulgarisation de l'arsenic a le plaisir d'annoncer au public une très intéressante série de conférences-promenades, « L'Arsenic à travers les Âges », par le docteur Borgia.

À la salle du Club du Boulevard, deux représentations d'*Arsenic et Vieilles Dentelles,* précédées d'une scène de *La Brinvilliers,* musique de Lafarge. En lever de rideau une charmante pantomime, *Poison d'avril,* avec Locuste, du cirque Médrano.

Au cours du spectacle, quelques empoisonnements-surprises de personnalités en vue.

Pour donner à la Fête de l'Arsenic toute l'ampleur voulue, l'exposition des procédés d'immunisation est remise à une Mithridate ultérieure.

*

Le cintre a été inventé très exactement en cinquante-cintre après Jésus-Christ par un moine grec (réfugié à Monaco, bien entendu) qui s'appelait le frère Trasibule. Le cintre est le symbole éternel du génie inventif humain. Mesdames, n'hésitez pas : si vos vêtements sont fripés, mettez-les sur un cintre ! Et si votre poitrine tombe, posez-la par terre !

*

La terre, en cette région de l'Afrique, ayant tendance à être un peu trop sèche, il est nécessaire, avant les semailles, de la recouvrir entièrement de terre meuble.

*

Je songe à simplifier l'annuaire. Dans le prochain, tous les médecins, chirurgiens, vétérinaires, dentistes... seront à « docteur ». Et, mieux encore, tous les autres abonnés hommes seront à « monsieur » et les abonnées femmes à « madame ». L'annuaire, au lieu de comporter 26 lettres, n'en comportera plus que quelques-unes. M pour monsieur, et aussi pour madame, E pour établissement, D pour docteurs, etc.

*

La direction de la radio-diffusion française communique : « Les personnes qui, ne possédant pas d'appareil de TSF, désirent néanmoins connaître l'heure exacte sont avisées qu'un service spécialisé est à leur disposition pour la leur faire parvenir par correspondance. »

*

Qui sait exactement où et comment on se procure la peau de chagrin ?... Honoré de Balzac, dans son fameux roman, s'est bien gardé d'évoquer ce mystère...

Le chagrin est une sorte de chat sauvage, de couleur grise, qui vit dans les montagnes... Son cri, triste et lugubre, impressionne le voyageur qui se hasarde, la nuit, sur les routes en lacet, où les sapins noirs montent la garde, dans l'ombre. Il faut se mettre à plusieurs, pour en venir à bout. Car, tout seul, on arrive mal à chasser le chagrin. Voici un champ de soucis. Les chagrins ne doivent pas être loin. Car le chagrin s'installe volontiers au milieu des soucis ou des pensées, quand elles sont de couleur sombre.

Là-bas, au pied d'un saule pleureur, un chagrin vient d'être repéré. Il somnole, visiblement repu par un trop bon repas de cancrelats. Car c'est une chose bien connue, que le chagrin se nourrit de cafard.

*

Il importe que le « la » donné par le diapason soit le même dans tous les pays du monde.

Le « la » étalon, ton invariable, est la note produite par un couvercle en aluminium irrigué, vibrant après choc contre une masse de platine, sous une pression de six mille chevaux légers, par une température de 73,3 degrés.

Le « la » étalon est, actuellement, à Sèvres, au pavillon des Poids et Mesures, conservé dans l'huile, qui, comme chacun le sait, est l'élément rêvé pour conserver le ton.

*

La tour Eiffel, je voudrais la changer de place. La tour Eiffel est un pôle d'attraction pour touristes. Les touristes sont aux Champs-Élysées. Conclusion, il faut mettre la tour Eiffel aux Champs-Élysées, place de l'Étoile, c'est l'endroit rêvé. Puis ça supprimerait le sens giratoire. Qu'est-ce qui oblige à tourner en ce moment ? C'est l'arc de triomphe. Parce qu'on ne peut pas passer dessous. Alors qu'avec la tour Eiffel à l'Étoile on peut traverser en ligne droite. On peut traverser en croix, en diagonale. Les visiteurs sont à proximité du centre. Recette doublée, pas de temps perdu, tous les avantages.

*

La terre se refroidit ! Ça vous laisse froid ? Moi ça m'affole ! Et ça m'indigne ! Pensons aux générations futures ! Ne laissons pas la terre se refroidir ! Il y a bien un feu au milieu de la terre, non ? Une espèce de chauffage central. Essayons d'y envoyer du charbon… par les volcans ! Dix kilos, tous les jours, dans le Vésuve. Vingt kilos dans l'Etna. Qu'est-ce que c'est comme dépense ? Rien. Pourtant cela suffirait à entretenir le feu central et à empêcher que nos descendants soient transformés en Esquimaux.

*

Tout est contradictoire en ce moment ! Je viens d'apprendre deux nouvelles contradictoires. Premièrement l'air de Paris est pollué, deuxièmement on enlève les pigeons parisiens pour les envoyer à la campagne. C'est contradictoire ! On nous dit que l'air est pollué, et on retire les pigeons ! Environ cent pigeons par jour ! Soit, à peu près deux mètres cubes de pigeons que l'on va retirer pour laisser la place à deux mètres cubes d'air pollué ! De plus, ces pigeons, ils le respiraient cet air pollué ! Si on les envoie carburer à la campagne, ça va nous faire plus d'air pollué à respirer. Non, les pigeons nés à Paris, nourris à Paris, doivent prendre leur part d'oxyde de carbone parisien !

*

La radio-diffusion française, à la demande de nombreux auditeurs, organise à partir du 1er juillet prochain, en plus des émissions de musique de chambre, des concerts de musique de chambre de bonne, de salle de bains et de cabinets de débarras.

*

Il a su concilier l'art avec un grand A, la discipline avec un grand D, et la qualité avec… avec tout ce qu'elle comporte !

*

Mes jambes sont malheureusement aussi molles qu'une limace hermaphrodite, nourrie avec des spaghettis détrempés dans du bouillon de méduse.

*

Natifs du scorpion, vous traversez une jolie période de confort et de bien-être. Sachez en profiter libéralement. N'hésitez pas, passez au signal rouge, grillez l'orange, insultez les agents, faites vos besoins devant les ministères, tout ce que vous voulez : c'est votre période de chance ! En revanche, n'achetez pas n'importe quoi ! Parce que ce serait trop bête de vouloir acheter des épinards et de revenir avec une boîte de lait concentré.

*

Tous les malades, sans distinction de condition, si ce sont des femmes, et, sans distinction de sexe, si ce sont des hommes, sont examinés.

*

J'ai connu un garde du corps altéré : il avait la langue encore plus chargée que son revolver.

*

Connaissez-vous beaucoup de gens qui aiment se raser ?... ou même qu'on les rase ?...

*

S'il est un petit métier français où l'industrialisation systématique et la mécanisation forcenée n'aient pas supplanté l'artisanat, c'est bien celui des satyres.

*

La pauvre Adélaïde, elle a un poignard qu'il est planté dans la clavicule. Ça la gêne pour éplucher les artichauts bretons.

*

Le goût de l'effet est venu très jeune à Francis Blanche. Le jour des résultats du bac, il prévient sa belle-mère, avant d'aller chercher les résultats : « Guettez mon retour. Vous serez fixée dès que vous m'apercevrez. Reçu, je marche sur le trottoir, sinon sur la chaussée. » Il revint en clopinant, un pied sur le trottoir, l'autre dans le caniveau.

*

Francis Blanche joue dans *Babette s'en va-t'en guerre* le rôle inoubliable de Papa Schultz, chef de la gestapo de Paris, aux prises avec les difficultés de son métier : « Essayez donc de faire avouer à un Japonais qu'il est juif. Vous verrez comme c'est difficile ! »

*

Jeune débutant dans les cabarets, Francis Blanche avait pour coutume de commencer ses sketches : « À la demande générale de ma femme et de mon beau-frère. » Il avertissait le public à la fin de sa prestation : « Nous vous rappelons qu'il est interdit, par ordre de la préfecture de police, de donner à manger aux artistes pendant l'entracte. »

*

En 1951, Francis Blanche projette une adaptation du *Petit Chaperon rouge*. Le titre lui paraissant quelque peu usité, il en choisit un autre : *Une fille à croquer.*

*

En 1953, le grand succès cinématographique de l'année, palme d'or du festival de Cannes, fut *Le Salaire de la peur.* Inspiré, Francis Blanche disposa sur la vitre arrière de sa voiture une énorme pancarte rouge sur laquelle figurait la mention

EXPLOSIFS.

Arrêté par un agent, il expliqua à celui-ci qu'il avait l'autorisation de mettre cette pancarte, transportant effectivement des explosifs. Il ouvrit alors sa boîte à gants, dans laquelle se trouvait un stock d'inoffensifs pétards à mèche !

*

C'est souvent le côté « artisanal » des cabarets qui a entretenu chez les artistes qui s'y produisaient le sens de l'improvisation. Ainsi Francis Blanche, jeune comédien, faisait un sketch dans lequel il prétendait avoir appris l'annuaire par cœur. Afin de vérifier ses dires, il confiait l'ouvrage à un spectateur et demandait à celui-ci de lui donner un nom pris au hasard dans les pages du Bottin, se faisant fort de déclamer de mémoire le numéro de l'abonné cité. Le spectateur s'exécutait et, à l'annonce du nom, un complice du comédien feuilletait à son tour rapidement un annuaire en coulisse et soufflait discrètement le numéro correspondant. Hélas, bien souvent, du fait de la grande rapidité avec laquelle les artistes se succédaient sur scène et de la pagaille qui régnait dans les cabarets, l'annuaire était introuvable ou le complice en retard. Francis Blanche se trouvait ainsi dans l'obligation de « meubler » le plus longtemps possible, le temps que son entourage paniqué, renonçant à mettre la main sur l'annuaire, appelle les renseignements téléphoniques afin de se procurer le numéro tant attendu !

*

Francis Blanche avait coutume d'enchaîner très rapidement ses activités de la journée. Écriture, radio, cabaret, théâtre, plateau de cinéma, il passait de l'un à l'autre à un rythme d'enfer. Convié un jour à animer en banlieue un gala de charité devant débuter très peu de temps après la fin de son spectacle de cabaret, il se précipite, en compagnie de l'équipe des branquignols, encore maquillés, perruqués et costumés, dans quelques voitures qui les attendent. Très vite le petit convoi est pris dans les embouteillages. Voyant le temps passer, Francis Blanche, déguisé, par un bien opportun hasard, en gardien de la paix, jaillit de son véhicule et entreprend, avec un aplomb des plus professionnels, de dégager la voie afin de faire place à la petite caravane. Le quartier encore plus paralysé qu'avant, mais la voie libre pour lui et ses amis, il salue les automobilistes dociles à coups de képi avant de sauter dans sa voiture et de se remettre en route pour le gala.

*

Invité à déjeuner chez des amis, Francis Blanche laissa tomber malencontreusement un peu de sauce sur la superbe cravate que sa femme venait de lui offrir. Constatant la catastrophe, sans rien perdre de son impassibilité, il se mit à étaler le résidu de sauce avec la pointe de son couteau, ajoutant sur l'étoffe divers ingrédients afin de parfaire le chef-d'œuvre qu'il découpa ensuite et conserva pieusement.

*

Francis Blanche collectionnait les plaques de noms de rues, afin de décorer les murs de sa maison. Constatant un jour que les W.-C. étaient dépourvus de ce type d'ornements, il décide de se procurer la plaque la plus adéquate aux lieux, celle de la Place Blanche. Vêtu en ouvrier, il se rend donc en compagnie de Pierre Arnaud, avec une voiture à bras et une échelle, sur la place en question en plein après-midi. Au moment où ces deux faux employés municipaux commencent à dévisser la plaque, arrive un agent de police. Ceux-ci sont pris d'une frayeur bien compréhensible, qui se transforme en éclat de rire intérieur lorsque le brave fonctionnaire leur propose de les aider. La mission accomplie, ce dernier, empreint d'une remarquable conscience professionnelle, fait remarquer aux deux acolytes étourdis qu'ils oublient les autres plaques, les obligeant à faire le travail jusqu'au bout et à subtiliser les sept plaques de la place.

*

Francis Blanche animait un gala au cours duquel il devait présenter Roger Pierre et Jean-Marc Thibault. Ce qu'il fit non sans malice : « Et voici Roger Pierre et Jean-Marc Thibault ! Vous verrez : il y en a un des deux qui est formidable ! »

*

Francis Blanche avait promis que son épitaphe ne serait « pas piquée des vers ». On peut lire sur sa tombe au cimetière d'Eze-Village : « Laissez-moi dormir, j'étais fait pour ça. »

*

Les rapports de Francis Blanche et de ses supérieurs hiérarchiques furent souvent conflictuels, le respect des règlements en vigueur n'étant pas le fort de l'artiste. Un jour, transgressant l'interdiction syndicale d'utiliser le matériel de la radio, tâche réservée aux opérateurs, Francis Blanche décide de subtiliser les appareils nécessaires à l'enregistrement de son émission. Le déménagement clandestin effectué, il s'apprête à partir lorsqu'un opérateur s'aperçoit du larcin et se précipite à la poursuite du « rebelle ». Il n'a que le temps de grimper sur le pare-chocs arrière de la « grosse américaine » du comédien qui démarre en trombe. Quelques centaines de mètres plus loin, un agent de police arrête l'acrobatique convoi. Francis Blanche, rapide comme l'éclair, porte plainte le premier : « Monsieur l'agent, veuillez faire descendre cet individu ! Sinon je l'accuse de violation de domicile ! »

*

Un journaliste demanda à Francis Blanche, lors de la sortie de son recueil de poèmes, ce que représentait pour lui la poésie.

« Deux à trois mille exemplaires à tout casser », lui répondit Francis Blanche.

*

Un matin, Pierre Dac se présente l'air soucieux dans un studio de radio devant son vieux complice.

« J'ai un problème de trésorerie inquiétant. J'aurais besoin que vous m'aidiez. Immédiatement, et en liquide si possible. »

Étonné d'une telle demande, si peu conforme à la pudeur légendaire de Pierre Dac, en public de surcroît, Francis Blanche s'inquiète, pensant que la situation doit être réellement grave pour amener Dac à enfreindre sa nature.

« Oui, reprend Pierre Dac, excusez-moi, mais, de toute urgence, il me faudrait un franc. »

Francis Blanche, rassuré, rentre comme à son habitude immédiatement dans le jeu :

« Cela me gêne un peu, voyez-vous. Toutefois, si vous me promettez de me rendre l'argent au prochain enregistrement, je dois pouvoir m'arranger pour vous l'avancer. »

Pierre Dac promet, et Francis Blanche lui avance la précieuse pièce.

Lors de l'enregistrement suivant, Francis Blanche interpelle Pierre Dac dès son entrée dans le studio.

« Avant de commencer, mon cher Pierre, je dois vous demander d'avoir la gentillesse, comme le stipule notre accord, de me rendre la somme que je vous ai prêtée la dernière fois.

– Écoutez, mon cher, répond Dac désolé, je suis confus, mais j'en suis dans l'impossibilité. Je croyais pouvoir… mais je ne peux absolument pas vous la rendre aujourd'hui. »

Une semaine plus tard, même numéro. Et la scène se répète durant un bon mois, Francis Blanche se montrant de plus en plus sévère et coléreux dans ses demandes, Pierre Dac de plus en plus confus et consterné. Jusqu'au jour où, au beau milieu d'un enregistrement, un huissier vint demander à « monsieur Pierre Dac, littérateur, de la part de monsieur Francis Blanche, comique troupier » le remboursement immédiat de la somme. Pierre Dac ayant, comme Francis Blanche, le pouvoir de verser spontanément des flots de larmes, se met à pleurer lors de la lecture de l'ordre de l'huissier. À la fin de celle-ci, il demanda à l'homme de loi, gêné par cette situation peu banale et touché par les larmes du débiteur :

« Écoutez, monsieur, s'il vous plaît… accordez-moi un délai… je ne peux régler ma dette que par mensualités ! »

*

En Jean Carmet, Francis Blanche avait trouvé un complice de choix pour ses nombreux canulars et mystifications. Un jour les deux hommes roulaient tranquillement lorsque, par mégarde, Francis Blanche heurta un cyclomotoriste qui sortait d'une usine. Celui-ci tomba sans se blesser, provoquant tout de même un attroupement et la venue des gendarmes.

– À combien rouliez-vous, monsieur ?

– Soixante, soixante-dix, répond alors Francis Blanche candide.

– Non, non, intervient Jean Carmet, dans le rôle du citoyen scrupuleux, il faut toujours dire la vérité à messieurs les gendarmes. Avoue-le, nous roulions bien à 90, voire 100.

– C'est vrai, tu as raison, admet Francis Blanche repenti, j'allais au moins à 120.

– Mais vous savez que c'est très grave, lui annonce alors l'agent. Vous rouliez à droite au moins ?

– Bien sûr, parfaitement.

– Ah, mais non ! intervient à nouveau Jean Carmet. Il faut être franc jusqu'au bout. Tu mordais la ligne jaune, je te l'ai d'ailleurs fait remarquer à plusieurs reprises.

– Oui, c'est vrai, je me souviens, je t'ai même répondu que je m'en foutais.

– Mais vous savez que ce sont là des charges très importantes, reprend le gendarme, de plus en plus excédé.

Carmet, poursuivant superbement son rôle de délateur faux jeton, continue alors de plus belle :

– Je savais que l'on aurait pas dû faire un si bon repas !

– Vous avez bu ? intervient l'agent scandalisé.

– Oui, c'est vrai, j'avoue, j'ai bu, reconnaît Francis Blanche (commençant à verser des larmes de circonstance, avant d'endosser à son tour le rôle de délateur en se tournant vers Jean Carmet). Maintenant à toi, pourrais-tu franchement répéter ce que tu m'as déclaré en voyant arriver ces messieurs en uniforme ?

Carmet, simulant la honte et la confusion, avoue à son tour :

– Oui… j'ai dit… j'ai dit… qu'est-ce qu'ils viennent foutre ici ces deux espèces de…

Suit alors une bordée d'injures de la part de Jean Carmet, immédiatement emmené au poste en compagnie de son complice. Il faudra plusieurs heures aux gendarmes pour s'apercevoir qu'ils ont été victimes d'une mystification et pardonner aux deux jeunes artistes les faux délits dont ils s'accusaient mutuellement.

*

Nombreuses furent les aventures de cet ordre, mettant en scène Jean Carmet, Francis Blanche et la gendarmerie. Ainsi, à nouveau arrêté par un gendarme, Francis Blanche endossa une nouvelle fois le rôle du repenti, Carmet celui du délateur plaintif. Le gendarme se montra cette fois particulièrement excédé et furieux. Laissant Francis Blanche au volant, Jean Carmet descendit de la voiture et plaida le moins habilement possible sa cause auprès du fonctionnaire en colère. Ce dernier commit alors l'erreur de tourner le dos aux deux hommes afin de rédiger un procès-verbal. Francis Blanche en profita pour ouvrir discrètement sa portière et lancer un adroit et formidable coup de pied au derrière du malheureux et distrait gendarme, avant de démarrer en trombe, laissant sur place un Jean Carmet d'autant plus gêné qu'immédiatement accusé de l'outrage.

*

Dans sa villa d'Eze, Francis Blanche se livrait avec passion à l'une de ses activités préférées, la cuisine.

Le patron du restaurant voisin l'aidait quelquefois au fourneau. Le comédien avait mis un code particulier au point quand un condiment ou un ingrédient venait à lui manquer. Il donnait du clairon du haut de sa terrasse, chaque élément manquant ayant sa sonnerie particulière. En fonction de celle-ci, le restaurateur lui faisait parvenir sur-le-champ ce qui lui faisait défaut : sel, poivre, moutarde, etc.

*

Raccompagnant à sa résidence de vacances son voisin et ami, l'académicien Armand Lanoux, Francis Blanche croisa une jeune créature la jambe dans le plâtre qui marchait avec des béquilles sur le bord de la route. Il s'arrêta et lui déclara : « Mon ami retourne à Saint-Jean-Cap-Ferrat, moi je vais à Eze. Et vous, vous rentrez sur *cannes* ? »

*

D'une ponctualité sans défaut, Francis Blanche ne supportait pas le retard des autres. Roger Carel le constata à ses dépens. Invité à dîner chez Francis Blanche, il arriva en retard, ayant été retenu sur un tournage. La porte d'entrée étant close, Carel sonne avec insistance. C'est le signal qu'attendent les autres invités complices qui ouvrent alors les fenêtres du premier étage derrière lesquelles ils étaient embusqués et déversent à l'unisson plusieurs litres d'eau sur leur pauvre victime. La soirée devant se poursuivre en ville, Francis Blanche, instigateur du complot, mais beau joueur, prête à son ami quelques vêtements, évidemment beaucoup trop grands pour lui. Ainsi accoutré, Carel suivit ses hôtes jusqu'à la fameuse soirée, où Francis Blanche se montra beaucoup plus mondain qu'à l'accoutumée, présentant Roger Carel à tout le monde et vantant le coup de ciseau de son tailleur.

*

La patience de Francis Blanche n'avait rien de remarquable. Bloqué un jour sur une route de campagne par des ouvriers qui remplissaient tranquillement une benne de sable, Francis Blanche fit d'abord jouer de son klaxon à tout va. L'effet escompté ne se produisit pas, les ouvriers posant leurs pelles pour assister à ce concert. Excédé, Francis Blanche sortit alors de sa voiture, laissa tomber sa veste, se dirigea vers les ouvriers, s'empara d'une pelle et s'attaqua au tas de sable, fulminant et cramoisi. La tâche achevée, sous les quolibets des ouvriers spectateurs, il regagna son véhicule et démarra en trombe.

*

Les publicités que Francis Blanche devait faire lors de ses émissions de radio sont restées légendaires. Sa façon de vanter les produits était en effet toute particulière. Ainsi cette annonce qu'il fit un jour : « Madame, vous la sortez de son emballage rose, vous la prenez, vous la trempez dans l'eau. Regardez comme elle gonfle sous vos doigts, elle double, elle triple de volume ! » Il s'agissait bien évidemment de vanter les vertus d'une éponge.

*

Les pauses entre deux prises sont parfois longues au cinéma. Pour meubler le temps, Francis Blanche s'installa un jour dans un bar-tabac, proche du plateau où il tournait, s'empara d'un volumineux carton, où il écrivit :

DEMAIN PMU :

GRANDE COURSE DE MULETS.

Il disposa ensuite cette pancarte sur la table, avec une pile de tickets de tiercé emprunté au buraliste. Les parieurs furent nombreux.

*

Ne se contentant pas de faire fulminer les gendarmes, Francis Blanche aimait aussi duper les douaniers. Ayant un jour acheté en Suisse un mini-réfrigérateur, il le mit dans le coffre de sa voiture, répandant dessus le contenu de la valise de sa femme. Les douaniers reconnaissent le comique lors de son arrivée. Ils le saluent et se livrent aux formalités réglementaires.

– Vous n'avez rien à déclarer ?

– Si, un réfrigérateur.

– Bon. Et où est-il ce réfrigérateur ?

– Sous les jupes de ma femme !

Les douaniers s'esclaffèrent, félicitèrent l'humoriste pour son humour impayable et le laissèrent passer sans même inspecter le véhicule.

*

Un groupe folklorique auvergnat est convié à pratiquer son art dans un hôpital où Francis Blanche tourne un film. La représentation commence. Devant le vacarme provoqué par les sabots des danseurs, gênant dans un hôpital, on propose à ceux-ci d'exercer sans leurs sabots. Ils se déchaussent donc et reprennent leur activité. Francis Blanche se tourne alors vers ses camarades et leur explique que suite à cette brillante prestation, les danseurs vont certainement percevoir de très forts droits d'odeur !

*

Francis Blanche tourne un jour un film dans le superbe hôtel d'une station de ski. Ce même établissement accueillait au même moment un couple royal et leurs nombreux courtisans. Impressionnée par cette prestigieuse présence, la direction de l'hôtel dédaignait quelque peu les comédiens. Francis Blanche trouva la solution pour forcer le respect de ses hôtes. Il se rendit à la boulangerie voisine, se procura une couronne en carton, de celle qu'on offre avec les galettes, et fit son entrée dans le grand hall, au milieu de toute la cour, la couronne sur la tête. Tout le monde s'esclaffa, véritable monarque y compris, et on lui montra tout le reste de son séjour la considération due à un véritable roi.

*

Un écriteau cloué à l'entrée de la villa de Francis Blanche indiquait

ATTENTION AU CHIEN.

Il ne s'agissait nullement de protéger les invités, mais au contraire le chien, petit et fragile. Ce qui n'avait pas empêché Francis Blanche de le baptiser Vercingétorix.

*

Le fisc fut toujours le grand ennemi de Francis Blanche, qui accumula toute sa vie des amendes dues à des retards de paiement successifs. La somme de ces dettes atteignit un jour 90 millions de centimes, qu'il se résolut enfin à payer, mais en menue monnaie. Préparant l'opération de longues semaines, il réunit la somme en pièces jaunes, et arriva devant son percepteur, avec de nombreux et très lourds sacs de monnaie, lui demandant de vérifier si la somme y était !

*

Francis Blanche, ne trouvant pas d'autre place pour une de ses grosses cylindrées, se gare un jour devant les portes et sous les fenêtres d'un individu déjà passablement agacé par le dérangement que provoque l'équipe du tournage installée à proximité de chez lui. L'individu en question ne manque pas de protester avec fracas devant le sans-gêne de l'acteur qui ose ainsi entraver son horizon :

– C'est inadmissible, monsieur, vous m'importunez !

Francis Blanche, gardant d'abord son calme, explique poliment qu'il ne peut se garer ailleurs et qu'il ne compte de toute façon pas rester plus d'une heure sur le tournage. Croyant son interlocuteur apaisé, il lui tourne le dos et se dirige vers l'équipe qui l'attend. Aucunement calmé, le voisin redouble de fureur :

– Vraiment, monsieur, je vous trouve culotté !

Francis Blanche, n'en pouvant plus, s'arrête, se retourne face à son interlocuteur et lui demande de répéter ce qu'il vient de dire :

– Je persiste, je vous trouve vraiment très culotté !

– Dans ces conditions…

À la grande stupeur du monsieur, Francis Blanche déboucle alors calmement sa ceinture et commence à enlever son pantalon.

Un agent de police, commis à la surveillance du plateau de cinéma, s'approche alors, l'air amusé, de la scène. Le monsieur furieux l'interpelle :

– Gendarme, vous avez vu ! Cet individu attente à la pudeur ! Quelles mœurs ! Au beau milieu de la chaussée ! C'est inadmissible !

Francis Blanche, sommé par l'agent de s'expliquer, donne calmement sa version des faits :

– Ce monsieur m'a trouvé culotté. Maintenant, il se contredit. Ce monsieur ne sait pas ce qu'il veut. Je me suis seulement efforcé de lui donner satisfaction… dans la mesure du possible… pour prouver ma bonne volonté…

L'agent, habitué aux scandales provoqués par le résident, prit alors le parti de l'humoriste, accusant sa victime de ne pas savoir effectivement ce qu'elle voulait et lui enjoignant de regagner docilement son domicile, sous peine d'amende !

*

Francis Blanche arrive un jour devant deux pompistes, leur demandant de bien vouloir l'aider à pousser jusqu'à la pompe sa voiture victime d'une panne sèche à quelques mètres de là. Ceux-ci obtempèrent et la « grosse américaine » arrivée à destination, un des employés prononce la formule rituelle :

– Du super ?

– Mais non, voyons, de l'eau ! leur réplique Francis Blanche indigné.

Ceux-ci croient d'abord à une plaisanterie, mais devant l'indignation vite transformée en fureur de leur interlocuteur se plient aux désirs de celui-ci et commencent à verser une dizaine de litres d'eau dans le réservoir.

Francis Blanche les interrompt un instant dans leur tâche incongrue et jette plusieurs cachets d'aspirine dans le réservoir « pour que le carburant soit plus efficace » avant de les laisser continuer.

Le « plein » terminé, l'acteur les remercie, leur donne chacun une pièce, monte au volant de sa voiture et démarre sans difficulté aucune sous les yeux éberlués du personnel de la station-service. Plaisir de la mystification, il avait fait monter un faux réservoir dans sa voiture !

*

Francis Blanche donnait un jour un cocktail à Eze-Village. Parmi nombre de personnalités du spectacle, une jeune comédienne était présente, dont les dernières pièces avaient toutes été des échecs. Francis Blanche se retourna un moment vers la malheureuse pour lui demander : « Veux-tu bien faire passer les petits fours, toi qui en as l'habitude. »

*

Francis Blanche soigna jusqu'à ses dernières paroles. Victime d'un coma diabétique, il reprit conscience une dernière fois une demi-heure avant son décès. L'interne de service lui demanda alors : « Comment vous sentez-vous ? »

Mourant, Francis Blanche trouva la force de murmurer : « Comment je me sens ? Mais avec mon nez ! »

*

Voulant piéger son compagnon, Pierre Dac profite, un soir de spectacle, d'un monologue de Francis Blanche pour gagner les coulisses, défaire son pantalon, et dans le champ de vision de son complice montrer ses fesses. Aucunement troublé, Francis Blanche s'interrompt, jette un œil vers Dac et lance : « Tiens, vous avez bien mauvaise mine ! » avant de reprendre sa scène le plus sérieusement du monde. Dac, plié en deux, ne trouvera pas la force de se rhabiller convenablement.

*

Un soir d'ivresse, un ami de Francis Blanche lui confie sous le sceau du secret avoir un jour, pris d'une envie urgente, déféqué sur son balcon, ses toilettes étant occupées. Le comique promet de n'en dire rien à personne. Invité à une soirée chez ce même ami quelques semaines plus tard, Francis Blanche ne fait aucune allusion à la récente confession. Ce qui rassure mais étonne l'ami, habitué aux frasques de l'acteur. La fête terminée, les invités partis, quelle ne fut pas la surprise de celui-ci de trouver un petit écriteau réglementaire déposé sur la porte du balcon au début de la soirée : « Prière de laisser ces lieux dans l'état où vous souhaitez les trouver en entrant. »

*

Bouc émissaire attitré de Francis Blanche, le pauvre Roger Carel doit à son cruel complice une des plus grandes peurs de sa vie. Interprétant un vieux vicomte dans un film de Jean Girault, il doit un matin tourner une scène dans laquelle il est assis sur une canne-siège plantée dans le sol, comme en utilisent les chasseurs à l'affût. Jean Girault ayant changé le scénario au dernier moment, Roger Carel doit ce jour-là être fauché par une balle perdue. Avec la complicité du metteur en scène, Francis Blanche qui a demandé qu'on ne prévienne pas Carel de ce changement de dernière minute a truqué la canne creuse en y introduisant un pétard. Le tournage commence ; au moment où Roger Carel s'assoit sur la canne-siège, le pétard explose, et la malheureuse victime, transie de peur, s'écroule littéralement sur le sol ! Si bon acteur qu'il soit, Roger Carel n'aurait certainement pas pu interpréter de façon aussi réaliste un homme fauché par une balle !

*

Francis Blanche et Pierre Dac possédaient en commun le don de pouvoir, à volonté, verser de chaudes larmes. Francis Blanche usa à de nombreuses reprises de cette faculté dans ses mystifications. Maurice Biraud fut plus d'une fois son complice. Il avait pris l'habitude d'endosser le rôle du père sévère grondant, pour les prétextes les plus futiles, son petit garçon, Francis Blanche, qui fondait en larmes devant de nombreuses victimes toutes plus stupéfaites les unes que les autres :

« Est-ce que c'est beau ça ? Tu n'as pas dit bonjour à la dame ! Tu as mangé des confitures sans en avoir la permission ! Que je ne t'y reprenne plus ! »

Francis Blanche avait un don pour baptiser les villas de ses amis. Jean-Marc Thibault eut un jour recours à ses services, pour sa maison de campagne de Blaru, en Normandie :

« Regarde, Francis, j'ai une ferme, mais ça s'appelle *Les Perruches*. Le nom n'est pas terrible, trouve-moi un nom original, un petit clin d'œil.

– Fais-moi visiter la maison, je trouverai après.

– Alors tu vois, tu as ici le salon, la salle d'eau, les toilettes, un lavabo. Là, tu as la cuisine, à côté les toilettes, une salle de douches. Là, c'est la chambre de la cuisinière, alors tu vois, t'as la chambre principale, ici tu as la salle de bains et les toilettes. La chambre d'amis avec une douche et les toilettes, et puis une autre chambre d'amis avec des toilettes.

– Ne m'en dis pas plus. Appelle ta maison *La Chiotterie*. »

*

Francis Blanche et Francis Claude furent de parfaits témoins au mariage de Maurice Biraud. Confondant la cérémonie avec un duel, ils se querellèrent comme se doivent de le faire les témoins de deux parties opposées ! Tels des aventuriers, personnages de cape et d'épée, ils épousèrent si bien la querelle des adversaires qu'ils s'empoignèrent tous les deux sur l'estrade au beau milieu de la cérémonie ! Le maire, décontenancé, prit sur lui d'abréger les formalités afin d'écourter au plus vite la séance.

*

Le directeur d'un établissement de spectacle, dans lequel Francis Blanche devait se produire, oublia de faire figurer le nom du comédien sur les affiches. Paniqué, il attendit son arrivée pour lui annoncer la mauvaise nouvelle.

Francis Blanche arriva dans sa superbe voiture américaine décapotable.

– Bonjour, monsieur, dit Francis.

Le directeur, transpirant, s'incline et balbutie :

– Ah, monsieur Francis Blanche, si vous saviez comme je suis confondu, mais confondu…

Blanche l'arrête et lui dit :

– Vous êtes confondu, monsieur ? Ce n'est rien, c'est la chaleur.

*

Francis Blanche se promenait un jour avec son ami Jean Carmet dans une de ses grosses Cadillac décapotables. Ne trouvant pas de place pour se garer, il s'arrêta à la hauteur d'une vieille 4 CV délabrée, en plein centre de Paris. Jean Carmet sauta de la voiture, faisant mine de chercher une place. Avisant le tacot, il cria à Francis Blanche, au beau milieu de la foule des grands jours : « Ici, Francis, il n'y a qu'une bagnole de prolo… »

La réaction de l'acteur ne se fit pas attendre. Il manœuvra et enfonça l'arrière-train de la Cadillac dans la 4 CV, recommençant à plusieurs reprises, s'acharnant, jusqu'à ce que la pauvre voiture prenne l'aspect d'une œuvre de César. Un attroupement se fit autour de la scène. Devant les badauds indignés, Jean Carmet ne perdait rien de son légendaire flegme, en rajoutant même : « Voiture de minable, véhicule de pauvre, médiocrité… » La police avertie par les passants arriva sur les lieux. Francis Blanche s'offusqua devant les représentants de l'ordre : « Eh bien quoi, on n'a plus le droit de casser ses propres affaires ? »

Il exhiba alors ses papiers : la 4 CV lui appartenait. Il l'avait achetée spécialement pour l'occasion.

*

Francis présentait un spectacle au théâtre de verdure de Nice, dont la vedette était Luis Mariano. Pendant le tour de chant de Mariano, un orage éclata, la pluie interrompant le spectacle. Sous les trombes d'eau, Francis Blanche s'empara du micro et remarqua : « On pourra dire que Luis Mariano est passé à Nice et qu'il a beaucoup plu ! »

*

Pierre Dac fit un jour une tentative de suicide en s'ouvrant les veines avec un rasoir. Francis Blanche lui proposa de venir se reposer dans sa villa de Eze-Village. Dac accepta avec plaisir. Avant de partir, Francis Blanche crut bon d'apporter une dernière précision : « Je vous préviens tout de même, cher Pierre, chez moi il n'y a que des rasoirs électriques ! »

*

Francis Blanche entretint toujours d'excellentes relations avec le curé d'Eze-Village. Ayant un léger problème, il alla un jour trouver le brave représentant du Saint-Siège :

– Monsieur le curé, c'est terrible, ma maison est juste à côté de la petite chapelle où vous célébrez tous les matins une messe vers six heures. Est-il nécessaire de sonner la cloche à six heures du matin, parce que j'ai compté, il n'y a que six ou huit paroissiens qui assistent à cette messe. Comme ils ont l'habitude de venir tous les matins, pourquoi sonner ? Ça réveille tout le quartier.

Le curé promet d'en parler à ses paroissiens. Il revient voir le comédien quelques jours plus tard, l'air accablé :

– Francis, je suis désolé, il y en a une qui est irréductible. Elle dit : « Il faut que j'entende tous les matins la cloche, c'est normal, c'est comme ça depuis des siècles, etc. » Je suis navré, mais je dois sonner la cloche le matin.

Quelques semaines plus tard, nouvelle visite du curé, l'air enjoué cette fois :

– Monsieur Francis Blanche, monsieur Francis Blanche, ça y est ! Pendant quinze jours vous allez être tranquille.

– Ah bon ?

– Oui, ma paroissienne, l'irréductible, elle est venue se confesser. Boudi, ce qu'elle avait à dire ! Alors comme pénitence, je l'ai envoyée à Lourdes ! Vous serez tranquille pendant deux semaines !

*

C'est ce même curé que Francis Blanche invita un jour à prendre le thé chez lui. Le curé arrive, s'assoit et commence à discuter avec Francis. Madame Blanche intervient alors :

– Francis, regarde ce que tu as fait. Tu dois t'occuper de monsieur le curé, tu sers le thé, tu donnes les gâteaux, tu donnes le sucre, et tu ne mets pas les serviettes sur la table.

Et Francis Blanche, très grave :

– Ma chérie, devant monsieur le curé, on ne met jamais de serviettes !

– Et pourquoi ?

– Parce que ce sont des serviettes *à thé* !

*

José Artur, ayant un jour besoin de joindre Francis Blanche, téléphona chez lui. Une femme décrocha, à qui il demanda s'il pouvait parler au comédien.

– Il n'est pas là, répondit-elle.

– Puis-je le joindre plus tard dans la soirée ?

– Cela serait étonnant. Ça fait plus de huit ans qu'il n'est pas rentré le soir ! lâcha-t-elle avant de raccrocher.

*

En 1937, Francis Blanche cherchait un moyen de s'introduire dans le monde de la radio. Un jour, il se rend rue François-Ier dans les studios de Radio Île-de-France. Il ne connaît personne. Il interpelle un technicien :

– Pardon, monsieur, je cherche un mot…

– Pardon ?

– Oui, je cherche un mot.

– Vous faites un concours sans doute ?

– Oui, si vous voulez. Je cherche un mot. Le nom d'un instrument de musique en cuivre.

– Ah, je ne sais pas si je peux vous aider, je vais demander à mes collègues… Ce jeune homme cherche un mot, c'est pour un jeu sûrement, un instrument en cuivre…

– Oui, dans lequel on souffle, ajoute Blanche.

– C'est un clairon ! C'est une trompette ! C'est un saxophone !

– Non, non, non. C'est tout près de trompette, tout près de clairon !

Les types cherchent.

– Ah, ça y est, jeune homme. C'est un piston !

– Ah oui, piston ! Ah, ben dites donc, il était temps !

– Pourquoi ?

– Eh bien, justement ; où pisse-t-on ici ?

Il a fait rire tout le monde, il est entré à la radio, il ne l'a plus quittée.

« BONJOUR CHEZ VOUS »
CANULARS TÉLÉPHONIQUES

La formule « Bonjour chez vous ! » qui concluait immanquablement les conversations téléphoniques de l'inénarrable monsieur Macheprot est restée dans toutes les mémoires. C'est sous cette dernière identité, devenue fameuse elle aussi, que Francis Blanche se livrait à l'un de ses sports favoris : le canular téléphonique. Nombreux furent, au fil des émissions radiophoniques, les exploits du sieur Macheprot. Il fut, tour à tour, un compositeur de musique postulant pour une place de compositeur dans une imprimerie ; un monsieur malchanceux se plaignant à la direction d'une usine de fabrication de punaises que celles-ci se pliaient chaque fois qu'il voulait les enfoncer dans les murs de son appartement (précisons que ces murs étaient en béton armé !) ; un particulier demandant à un élagueur d'arbres si celui-ci pouvait travailler la nuit en toute discrétion, sur les arbres de son voisin, évidemment ; un lanceur de couteaux demandant dans une agence un partenaire sans famille, pour éviter les problèmes *après* (!) ; ou bien un homme courageux essayant de vendre un rouleau compresseur à un marchand de bibelots ! Ce sont quelques-unes des aventures les plus audacieuses de Macheprot que nous vous présentons maintenant.

Monsieur Macheprot appelle une fabrique de dents pour une requête peu ordinaire :

– Je voudrais savoir le prix des dents.
– Pour quelle maison ?
– Pas pour une maison… pour un dentier.
– Pour un dentier ? Vous êtes particulier ?
– Oui, pourquoi ? Faut pas ?
– Si, mais il faut aller chez un dentiste alors.
– D'accord, mais je voulais me renseigner justement parce que… j'aurais voulu savoir au contraire si vous repreniez des dents ?
– Si je reprends des dents ?
– Oui.
– Non, non… je suis fabricant, moi.
– Justement, je pensais que vous récupériez la matière première.
– Non… qu'est-ce que vous voulez ? Je peux pas prendre des dents des gens pour les mettre dans la bouche des autres.
– Mais après les avoir retapées, remises à neuf ?
– Non, je ne fais pas ce commerce-là…
– Parce que en les repeignant à neuf, en les repeignant, elles sont en bel état…
– Mais on ne peut pas repeindre les dents ! La peinture s'en irait dans la bouche ! Adressez-vous à un dentiste, monsieur. C'est une fabrique de dents ici, monsieur, on livre par cinq, six mille dents.
– Mais j'en ai huit là, en bon état…
– Ça ne m'intéresse pas du tout !
– Allez, deux molaires ?… Trois molaires même !

– Ça ne m'intéresse pas. Je ne fais que du neuf et en grande quantité !

– Toujours la même histoire… le trust, quoi ! Encore une comédie de Molaires !

*

Monsieur Macheprot, dans une situation cornélienne, appelle un pompiste :

– Je voudrais vous demander un service. C'est un peu bête... Une voiture va s'arrêter chez vous, d'ici quatre ou cinq minutes. Une petite Floride blanche.

– Oui...

– C'est ma femme. C'est idiot, nous nous sommes un peu disputés... Si vous pouviez lui demander de rentrer... ça va s'arranger... Ça ne vous ennuie pas ?

– Non, je veux bien faire votre commission, monsieur.

– C'est une Floride blanche. Vous lui dites que j'ai appelé... qu'elle rentre... que ça va s'arranger.

– D'accord.

– Mais si des fois elle dit non... vous savez comment elles sont, les femmes...

– Oui ?...

– Si jamais elle dit non... lui mettez pas trop d'essence dedans...

– Oui...

– Vous pouvez me rendre ce service ?

– Mais si, mais si... Je fais le nécessaire. Je lui dis qu'elle vous rappelle tout de suite.

– Bon !

– Ou alors je lui dis de rentrer immédiatement.

– Voilà. Au besoin, vous pouvez pas mettre un peu de sucre dans son réservoir ?

– Non, ça on ne peut pas, non. Mais on mettra pas beaucoup de carburant.

– Je compte sur vous. Parlez-lui... comme pour vous...

– D'accord.

– Essayez de l'émouvoir. Dites que je ne pensais pas ce que je lui ai dit… Je lui ai dit qu'elle ressemblait à sa mère.

– Bien, je vais faire le nécessaire…

*

Aux prises avec son ouvre-boîtes, monsieur Macheprot appelle la fabrique :

– Je m'excuse de vous déranger, mais je peux plus arriver à faire ressortir ce machin du couvercle... comment ça se fait ?

– Vous pouvez passer à la maison ? Je vous ferai voir comment on s'en sert.

– Mais vous me voyez prendre le métro avec une boîte de petits pois ouverte ? Ce n'est pas raisonnable. Vous pouvez pas m'envoyer un dépanneur ?

– Non... je ne peux pas vous envoyer un dépanneur... (*On entend des rires.*)

– Je trouve pas ça très drôle ! J'entends que vous rigolez... Excusez-moi mais je m'énerve depuis une heure et demie avec votre ouvre-boîtes... J'ai pas tellement le cœur à rigoler !... Vous me vendez des objets et après vous vous foutez de moi ! Vous vous payez ma tête ! C'est effrayant quand même !... Alors ? Ça y est ? ... Vous êtes calmée ? ... Qu'est-ce que je fais ? ... J'ai les deux ailettes...

– Ben, vous tirez dessus...

– J'ai les deux ailettes du papillon... je pousse dans quel sens ?

– Dans le sens que vous voulez... (*Nouveaux rires.*)

– Et ça la fait rire !... Mais c'est terrible, ça !... Ça s'appelle être commerçant ?... Jolie, la mentalité !... C'est pas étonnant que la France en soit où elle en est, si les fabricants d'ouvre-boîtes eux-mêmes ne sont pas capables de faire leur travail sérieusement. Saleté de boîte !... Alors, qu'est-ce que je fais ?... (*Elle continue de rire.*) Ça y est !... La voilà qui repart !... Allô ?... Madame !... oh ! madame !...

– Oui ?...

– Cet ouvre-boîtes !… Qu'est-ce que je fais ?…
– Ben, vous l'ouvrez.
– Je veux pas ouvrir un ouvre-boîtes… C'est la boîte que je veux ouvrir !…
– Soyez patient… Essayez de l'enlever…
– Je suis patient, madame !… Je vous appelle vraiment en désespoir de cause !… Et au lieu de trouver quelqu'un qui compatit, qui essaie de m'aider… je tombe sur une femme qui ricane !… Mettez-vous à la place de quelqu'un qui s'énerve sur une boîte de petits pois, depuis, au moins, une vingtaine de minutes…
– Je vous dis de passer à la maison… Je vous ferai voir comment…
– Mais, madame !… je vais pas me trimbaler à travers Paris avec une boîte de petits pois, qui va se renverser de tous les côtés !… Y en a déjà la moitié d'ouverte !…
– Vous n'êtes pas obligé d'apporter la boîte.
– Qu'est-ce que je fais, alors, j'apporte quoi ?…
– Rien. Vous venez tout seul.
– Bravo !… Vous en vendez beaucoup, des appareils comme ça ?…
– Des milliers. Tous les jours.
– Et vous vous marrez autant, pour chaque appareil ?…
– Non, je ne ris pas autant… parce que tout le monde sait s'en servir.
– Comment ?… Tout le monde ?… Je suis plus idiot qu'un autre, peut-être ? C'est ça !… En plus, je me fais insulter, traiter d'imbécile !…
– Je ne vous ai pas dit ça, monsieur !…
– C'est ce que vous laissez entendre : « Tout le monde y arrive !… » Sous-entendu : sauf moi, parce que je suis un imbécile. Parce que j'achète un ouvre-

boîtes, je me fais traiter de crétin, par-dessus le marché. (*Nouveau fou rire de la correspondante.*) Ça y est !... La v'la r'partie !... Vous êtes pénible, vous savez...

– Ben, je ne trouve pas, moi...

– Qu'est-ce que je fais ? ... Je prends un marteau ? ... Je tape ? ... Je cogne ? ... Je pince ? ... Je...

– Faut jamais prendre un marteau.

– Mais comment je vais bouffer mes petits pois ?...

– Ben, mangez la boîte avec.

– Vous savez qu'elle est pas normale, cette bonne femme. C'est pas possible !... Alors, vous refusez systématiquement de me guider ?...

– Mais non, mais...

– Parce que je vais vous envoyer l'huissier, moi. Ça va pas traîner !... Je fais mettre les scellés sur les petits pois et je vous envoie l'huissier !...

– Ben, envoyez l'huissier.

– J'ai payé cet ouvre-boîtes... je me suis esquinté les doigts sur ce petit foutu bon sang de papillon et... je m'entends traiter de crétin, d'incapable... Vous insultez ma famille !...

– C'est tout ce que vous avez à me raconter ?...

– Je voudrais savoir ce que je dois faire. Question. Réponse. C'est tout.

– Comme vous l'avez mis, enlevez-le.

– Mais je peux plus le retirer, madame !... Vous pensez bien que je serais pas là, en train de m'énerver, si j'avais pu le retirer !... J'ai poussé, j'ai enfoncé la lame, j'ai tourné le papillon... Premier demi-tour, ça allait bien... Tout d'un coup, ça n'avance plus. J'essaie de faire marche arrière, ça ne recule plus... J'essaie de le retirer, ça s'enlève pas. J'essaie de l'enfoncer, ça s'enfonce pas !... Qu'est-ce que je fais ?... Question. Réponse ?...

– C'est pas une voiture, qu'on vous a vendue. C'est un ouvre-boîtes.

– Et alors ?...

– Ça fait pas la marche arrière.

– Vous allez me dire qu'il faut un permis de conduire, pour les ouvre-boîtes, à présent ?... (*Habituel rire de la dame.*) Écoutez-la : elle profite de ce que je suis énervé pour se ficher de ma tête et pour injurier ma famille !...

– J'ai du travail, monsieur !...

– Mais moi aussi !... Et j'ai faim, madame !...

– A c't' heure-ci ? ... Alors, c'est un déjeuner dînatoire, que vous faites !...

– Mais je suis en train de me casser la tête sur votre foutu ouvre-boîtes depuis je ne sais combien de temps !...

– Faut pas vous casser la tête !...

– Mais je me casse les doigts, aussi !...

– Bon, ben, prenez un petit marteau et un burin et ouvrez votre boîte avec.

– Voilà... Faut le dire tout de suite, alors !... « Achetez l'ouvre-boîtes, plus un marteau, plus un burin, plus un fer à souder et, si ça va pas, une cartouche de dynamite !... Et allez donc ! Bravo !... Je vais avoir des petits pois dans toute la pièce !... (*Reprise de son fou rire.*) Et elle rigole !... Écoutez-moi ça !...

– Dites donc : est-ce que vous travaillez, dans la vie ?

– Mais oui, madame !... Et j'ai autre chose à faire qu'à perdre mon temps sur un ouvre-boîtes de petits pois !... Mais j'aurais bien voulu déjeuner. Depuis longtemps !...

– Offrez-vous le restaurant.

– Vous refusez de m'envoyer un dépanneur ? … C'est effrayant…

(*Interrompant son fou rire et s'efforçant de récupérer son souffle :*)

– Écoutez, comme blague, c'est pas mal…

– Elle passe une bonne journée, avec cet ouvre-boîtes. Vraiment, vous avez pas pitié des nerfs des gens. C'est pas très charitable.

– Vous êtes du Midi moins le quart ou du Nord ?… Vous savez que vous avez un drôle de petit accent…

– Bon, madame, c'est pas difficile. Je fais foutre les scellés sur la boîte de petits pois… Je vous envoie l'huissier.

– C'est tout ?…

– Ben, oui, madame. C'est tout. Puisque vous refusez de me nourrir… (*Son fou rire se réveille.*) Dites : vous avez bon caractère. Ça marche peut-être pas bien bien, les ouvre-boîtes, mais la rigolade, ça fonctionne, chez vous !… Bon, ben, madame, je regrette beaucoup : la prochaine fois, j'achèterai directement le marteau et le ciseau à froid.

– Je regrette quand même que vous ne soyez pas là… Je vous aurais fait une démonstration.

– Expliquez-moi. Je peux très bien comprendre.

– Prenez une boîte de petits pois… vide… pour faire un essai…

– Mais, madame… je bouffe les petits pois… je bouffe pas les boîtes. Bon… Bref… admettons.

– Prenez une boîte vide. Ouvrez l'appareil. Vous le posez… vous le pincez, comme avec des ciseaux. Et vous tournez, avec le papillon.

– C'est ce que j'ai fait… C'est pas tellement rigolo, jusqu'à présent.

– Alors, après, vous l'ouvrez…

– Je vois pas ce qu'il y a de drôle… Un client qui avait l'espoir de trouver un ouvre-boîtes pratique et qui trouve une torture.

– Alors, c'est tout pour aujourd'hui, monsieur ?…

– Ben, madame, j'ai pas encore déjeuné. Je peux pas être d'aussi bonne humeur que vous.

– Vous irez dîner ce soir… au restaurant.

– Oui ?… Et je vous enverrai la facture. Parfaitement. Et je vous souhaite un bon après-midi.

– Ben, merci. Vous aussi !…

– Au revoir, madame. Bonjour chez vous !…

*

Délaissant, le temps d'un appel, le bon monsieur Macheprot, Francis Blanche endosse l'identité d'un directeur d'école privée pour garçons, monsieur Sotraut, du cours du même nom, situé, bien entendu, à Vincennes. Cours Sotraut à Vincennes !!! La victime est cette fois une respectable directrice d'école de jeunes filles :

– Allô ? …

– C'est l'institution de jeunes filles ?…

– Oui, monsieur.

– Je m'excuse de vous déranger, madame, c'est M. Sotraut à l'appareil.

– M. Sotraut ?…

– Sotraut, oui. J'ai une institution de jeunes gens, à Vincennes… Le Cours Sotraut, à Vincennes, vous connaissez ?…

– Oui.

– Bon. Dites-moi, j'étais en train de faire le tour des institutions de jeunes filles, pour essayer de mettre sur pied une série de sorties.

– Oui ?…

– Est-ce que vous pensez que ce soit possible ?…

– Une série de sorties ?…

– Oui… vous savez ce que c'est… les jeunes gens, le jeudi… vont traîner à droite, à gauche… Alors, j'aimerais mieux faire des sorties organisées, avec, bien entendu, les élèves d'une institution de jeunes filles.

– Jeunes gens et jeunes filles ?… Vous voulez mettre ça ensemble ?…

– Ben, oui. Pourquoi pas ?…

– Pourquoi pas ?… Ben, moi, je ne suis pas de votre avis, monsieur.

– Vous savez, ça va mieux que des jeunes gens tout seuls.

– Mais des jeunes filles toutes seules, c'est encore mieux. D'abord, nous, nous organisons nos sorties.

– Justement, je pensais que ça pouvait amener une espèce de compréhension mutuelle.

– Croyez-vous ?…

– Oui.

– Ça leur plairait peut-être. Mais, vous savez, les cours mixtes, c'est jamais parfait, en France… ça n'a jamais beaucoup donné… Alors, les sorties entre garçons et filles… Malgré les surveillants et surveillantes, il se passerait bien des petites choses, comme on ne voudrait pas qu'il se passe.

– Bien entendu, mais, vous savez, ce qui est écrit est écrit.

– C' qui est écrit ?… Y a quand même des choses qu'on peut éviter.

– D'accord. Mais pas en les enfermant à double tour. Au contraire… parfois…

– Non !… Nos enfants ne sont pas enfermées à double tour. La porte de notre institution est ouverte. Si elles veulent partir, elles peuvent…

– Justement, je ne vois pas pourquoi on ferait pas ça officiellement.

– Oui ?… Ben ça… Vous faites partie de la Chambre syndicale, monsieur ?…

– Oui, bien sûr… Sotraut…

– Sotraut ?… Ben, il faudrait en référer à M. Moreau.

– Je faisais ça par initiative personnelle, vous comprenez… pour prendre des contacts…

– Oui… Au fond, pour les sorties de jeunes filles et jeunes filles, je ne dis pas non. Mais jeunes filles et jeunes gens…

– Pourquoi ?… C'est…

– Écoutez, monsieur !… Vous avez été jeune ?… Et moi aussi !…

– Bien sûr, mais…

– Vous raisonnez comme ça, parce que… je ne sais pas, je ne connais pas votre âge. Mais… on raisonne comme ça quand on est plus vieux. Quand on est jeune, on a toujours des inclinaisons et des tendances…

– Bien sûr. Mais j'ai consulté mes jeunes gens… Ils sont tout à fait d'accord.

– Ben, tiens !… Évidemment.

– Ils sont même assez emballés.

– Qu'ils soient emballés, je comprends !… Je n'ai qu'à consulter mes jeunes filles : elles seront emballées aussi.

– Alors, y a plus d' problème…

– Vous trouvez ?… Moi, je trouve qu'il y en a un !…

– Il faudrait qu'on en parle… On les emmènerait au cinéma, par exemple… voir un film ou deux. Puis, après, on ferait une petite soirée dansante…

– Oui ?…

– Et après… quartier libre.

– Écoutez, monsieur… tout ça, c'est à voir…

– Comme vous disiez tout à l'heure, madame, nous avons été jeunes, tous les deux, n'est-ce pas ?…

– Ben, oui… Avouez que, si on nous avait laissé la bride sur le cou… sait-on ce que nous aurions fait ?…

– Ben… oui.

– Avouez que… par moments, il y avait certaines faiblesses… et nous avons été peut-être très heureux d'avoir nos parents.

– D'accord. Mais est-ce que nous ne le regrettons pas, maintenant ?…

– De… ne pas avoir eu ces faiblesses ?…

– Ben…

– Moi, je trouve qu'il n'y a pas à les regretter, parce que, des fois, cela nous aurait conduits où il n'aurait pas fallu qu' ça nous conduise.

– D'accord, mais ça nous aurait p't-êt' conduits également à que'qu' chose de très bien.

– Vous croyez ? …

– Qui peut savoir ?…

– Écoutez, monsieur, chacun son point de vue : le jour où la jeune fille récolte un enfant, des fois, ça change sa vie…

– Ça… d'accord.

– Ou le jeune homme… s'il devient père de famille à dix-sept ans, ça change sa vie aussi.

– Évidemment.

– À ce moment-là, monsieur, c'est irrémédiable. Il faut le dire. Ici, nous les tenons quand même. Et si on les laisse un peu trop aller… il arrivera facilement des petites histoires.

– Bien sûr, la nature reprend ses droits. Mais je ne voudrais pas avoir une génération de refoulés ?…

– Une génération de refoulés ?…

– Ben, oui… à force de les brider… à force de les tenir…

– Mais la jeunesse n'a jamais autant extériorisé qu'en ce moment, monsieur !…

– Ben, justement…

– Et le jeune homme, comme la jeune fille, ne se gêne pas pour dire ce qu'il pense, même à son directeur et à sa directrice.

– Ça, j'en sais quelque chose…

– Quand elles me disent des choses, je me rappelle… trente ans en arrière, on se serait mis dans un trou de souris…

– Oui… On se demande ce qu'on aurait fait là, d'ailleurs…

– Alors…

– C'était justement pour officialiser ce besoin d'extériorisation que j'aurais voulu mettre sur pied une espèce de compréhension mutuelle et… moderne.

– Mais croyez-vous que dans les écoles publiques ça existe, ces choses-là ?…

– Justement, c'est à nous… Le Cours Sotraut, à Vincennes, a une réputation… C'est à nous à prendre l'avant-garde de tout ça !… Je vois très bien les petites sorties, le cinéma…

– Non, monsieur… N'insistez pas.

– Dommage.

*

Un magasin de décorations est, cette fois, la proie de l'humoriste :

– On m'a dit de m'adresser à vous pour une décoration, madame.

– Oui, monsieur, qu'est-ce que vous désirez ?

– Je ne suis pas encore fixé. Quelque chose qui fasse bien…

– Ça dépend de ce que vous avez eu, de ce que vous avez mérité…

– Comment ? Ce que j'ai ? Je compte sur vous pour m'en donner une justement…

– Mais, monsieur… je ne vends des décorations qu'aux titulaires… je ne décore pas moi, je vends des décorations. C'est tout à fait différent.

– Mais si je suis décoré, j'ai plus de raison de m'adresser à vous… je ne suis pas décoré moi. Mon beau-frère est décoré, tout le monde est décoré. Il n'y a pas de raisons pour que moi je n'aie rien…

– Mais vous savez que le port illégal de décorations est très puni…

– Je voudrais pas que ce soit illégal. Je voudrais le papier qui aille avec…

– Monsieur ! Non ! C'est impossible ! Je ne vends que des décorations. Il faut aller dans les ministères pour chercher les papiers !

– Mais vous savez ce que c'est… quand on commence à s'embringuer dans les ministères… on n'en sort pas…

– Ça, c'est un fait…

– Et mon beau-frère, beaucoup plus jeune que moi, a déjà deux décorations ! C'est quand même difficilement supportable !

– Naturellement, monsieur… Mais qu'est-ce que vous voulez ?…

– C' que j' veux… Une décoration, justement.

– Mais vous savez qu'il est interdit de porter les décorations sans avoir les diplômes.

– Justement, j' pensais que vous vous occupiez d'avoir les diplômes aussi.

– Non, non, non. Je ne vends que les décorations. Naturellement, si monsieur votre beau-frère a deux décorations… je comprends que vous désiriez en porter… Qu'est-ce qu'il a, comme décorations ?…

– Sais pas… Y en a une qu'est rouge et verte et une autre qui est, je crois, jaune et verte…

– Rouge et verte ?… C'est le Mérite agricole…

– Je sais pas… Je suis pas technicien du tout… C'est pour ça qu' j'aurais voulu qu' vous m' trouviez que'qu' chose… N'importe quoi, mais…

– Bien sûr. Mais je ne peux vous vendre que la décoration. Je ne peux pas vous vendre le papier avec.

– Ah !… Alors ?… Alors ?… Allons…

– Mais vous travaillez ?…

– Oui.

– Vous n'avez pas vingt-cinq ans de maison ?…

– Combien ?…

– Vingt-cinq ans de maison ?…

– Non… dix-sept.

– Alors, faut attendre un petit peu. Et quand ça fera vingt-cinq ans, vous aurez droit à une décoration.

– Quand on reste vingt-cinq ans dans la même place, on a une décoration ? …

– Oui : la médaille du Travail.

– Mais il faut qu' j'attende ?…

– Oui…

– On n' fait pas d'avance ?…

– Non… Quelquefois, les patrons, au bout de vingt ans, font la demande.

– Oui… Mais pas d'une décoration ?…

– Non… les décorations, c'est très difficile. Si vous n'avez pas été versé dans une unité combattante, vous n'avez pas droit à celle-ci.

– Non… Non, j'ai été réformé.

– Et vous n'avez pas fait partie de la Défense passive, pendant la guerre ?…

– Ça… j' suis descendu, comme tout l' monde… mais… c'était pas officiel…

– Parce que ceux qui ont fait la Défense passive ont droit à la Commémorative 39-45, avec une agrafe : « Défense passive. » Mais là, le problème est difficile à résoudre.

– J'ai vraiment pas d' chance !… Quand j' pense que ce p'tit garçon (parce que, pour moi, c'est un petit garçon !…) a deux trucs à sa boutonnière et que moi, à mon âge, j' peux pas arriver à… Et dans les choses étrangères ?…

– Ben… Y en a, des décorations, mais…

– On va p't-êt' y arriver ?…

– Y en a énormément et de très jolies… mais il faut avoir les papiers, avec…

– Oui ?… Ce… Macham… Aftagar… ou que'qu' chose comme ça ?…

– Le Nicham Iftikar ?…

– Comment ?…

– Le Nicham Iftikar…

– Chicham… Iftikar… ?… C'est ça !…

– C'est tunisien.

– Oui ? … C'est p't-êt' pas indiqué, en ce moment ?

– Non… vaut mieux pas. Remarquez, j'ai des clients qui les portent.

– Oui... quand on a la chance d'en avoir une, faut pas s'en séparer comme ça...

– Non...

– Et dans les pays plus tranquilles ?...

– Ben, c'est pareil : faut les papiers... Dans vos relations, vous n'avez personne qui puisse... ?

– J'ai un ami qui est né au Cambodge...

– Ben, alors ?...

– Oui, c'est p't-êt' une idée...

– Maintenant, au point de vue social... vous n'avez pas rendu des services, dans les mairies ?...

– Non, jamais. J'ai jamais rendu service...

– Y a l'Encouragement au Bien...

– Ben, non...

– ... ou au Dévouement...

– Non... J'ai donné, de temps en temps, pour des quêtes... pour les timbres antituberculeux... À part ça, j'ai pas tellement rendu service...

– Là, vous me posez un problème vraiment difficile.

– Je sais bien... je vous ennuie, madame...

– Non... Mais je peux pas le résoudre.

– Mon ami cambodgien, p't-êt'...

– Oui... si vous avez des relations assez étroites avec lui...

– Il est chauffeur de poids lourds... J' peux lui d'mander ?... Sans ça, je vois vraiment pas...

– C'est difficile. Je ne vends des décorations qu'aux personnes qui ont le papier qui représente la décoration...

– Et si je la portais quand même ?... Vous croyez qu'on fait des vérifications souvent ?

– Oui, monsieur. Journellement. Des policiers en civil risquent de vous demander vos papiers, à brûle-pourpoint… et c'est très sévèrement puni… Vaudrait mieux pas…

– Justement, moi, je respecte la loi. Y a pas des choses, pour les gens qui n'ont jamais été condamnés ?…

– Non, non… C'est une chose toute naturelle, d'être honnête…

– Ben, dites !… Ça devient de plus en plus rare !…

– Naturellement… Enfin, monsieur, venez à notre magasin. Vous pourrez voir ce que nous avons…

– Oui… Et un ruban, qui n' correspond à rien ?… Y en a pas ? …

– Ben, non… puisque vous n'êtes pas combattant…

– Parce que, quand on est combattant, ça correspond à rien ?…

– Non !… Si vous n'êtes pas versé dans une unité combattante…

– Non… C'est trop tard…

– Alors, monsieur, je regrette…

– Ben, j' vais m' filer une fleur à la boutonnière. Comme ça, j'aurai de comptes à rendre à personne. Au revoir, madame. Bonjour chez vous.

*

Monsieur Macheprot a, à nouveau, des problèmes avec son épouse :

– Allô ?…
– Je suis chez la voyante ? …
– Oui, monsieur.
– C'est M. Macheprot, qui est à l'appareil.
– Le monsieur qui est venu l'autre jour ?…
– Non, c'est ma femme qui est venue. Vous vous souvenez ?…
– Je me souviens pas… non…
– Mme Macheprot…
– Peut-être. De la voir… Je la reconnaîtrais. Mais le nom ne me dit rien.
– Oui ? … Je sais pas ce que vous lui avez raconté. Mais depuis qu'elle est venue chez vous, pour moi, c'est pas rigolo.
– Quand est-ce qu'elle est venue ?…
– La semaine dernière… Je saurais pas vous dire exactement… Mercredi ou jeudi.
– Je vois pas qui c'est. Vous savez, les noms ne me disent rien.
– Oui ?… Elle était bizarre, avec moi. J' lui dis : « Qu'est-ce que t'as ? … » Elle me dit : « Ça va !… Fais pas l'innocent. J'ai été chez la voyante. » Il paraît qu'vous lui avez raconté des trucs, sur moi, qui sont pas jolis-jolis.
– Ça m'étonnerait, cette chose-là.
– Vous lui auriez dit que j'avais des relations en ville… et…
– Ça, monsieur, c'est pas vrai. Même que j'aurais vu une chose comme ça, je ne le dis pas. Ça peut faire un drame !… Ça, c'est pas vrai !…

– Ben, pour faire un drame, ça en fait un. J'aime autant vous le dire… c'est la soupe à la grimace, tous les jours, maintenant.

– Écoutez, monsieur, moi, je serais bien contente de revoir cette dame. Venez avec elle et…

– Oui, mais si vous lui redites la même chose devant moi, ça va être très gênant. Je dis pas que vous avez mal vu. Au contraire. Vous avez trop bien vu…

– Écoutez, monsieur… Même que j'aurais vu que vous aviez quelqu'un, je…

– Qu'est-ce que vous lui avez fait ?… Les cartes ?…

– Je n' sais pas. Je n' vois pas qui vous voulez dire. Je ne connais pas cette dame-là.

– C'est Mme Macheprot : une dame avec les cheveux un peu rouges…

– Ça n' me dit rien du tout…

– Rouges et blancs, quoi…

– Oui ? Écoutez, monsieur, je vous assure que, même que j'aurais vu que vous aviez une amie…

– Que j'avais quoi ?…

– Même que j'aurais vu que vous aviez une amie, j'aurais pris des gants, pour lui dire. J' lui aurais pas dit carrément… Croyez pas ça…

– Bien sûr, madame. Vous avez p't-êt pris des gants… Mais, dans son esprit, c'est devenu que'qu' chose d'assez direct. Vous lui avez p't-êt' dit, d'une façon détournée : « Mmm… je vois une personne, à côté de votre mari, qui n' m'inspire pas confiance. » Que'qu' chose comme ça. Qu'est-ce que vous avez vu, exactement ?…

– Écoutez, monsieur, j' vous dis : j' vois pas du tout quelle est cette dame-là.

– C't embêtant…

– Mais j'aurais pas été lui dire comme ça, parce que je me méfie toujours d'une femme jalouse… ou d'un homme jaloux… qui pourrait faire un drame, comprenez-vous ?… Mais si une personne vient me voir, il faut quand même que je lui dise un peu la vérité…

– Évidemment.

– Comme vous venez de me dire que je ne me suis pas trompée… j'ai bien été obligée de lui dire un petit peu quelque chose… De là, si elle avait un doute, ça s'est tourné en certitude.

– J' crois pas qu'elle avait un doute. Mais depuis qu'elle est revenue de chez vous, franchement, elle n'est plus la même. Elle n' se coiffe plus… elle ne mange pas… Et alors, qu'est-ce que j'entends !… Mettez-vous à ma place…

– Ben, oui… j' comprends bien… Seulement…

– D'autant plus qu' c'est moi qu'ai payé la consultation, par le fait…

– Écoutez, monsieur… moi, je n' sais pas… (*Elle rit.*)

– Mais c'est pas rigolo, madame !…

– Je n' rigole pas, monsieur !… Mais chacun son métier ! Cette dame est venue… Si j' lui avais dit tout l' contraire et qu'un jour elle découvre la vérité… elle me dirait : « Vous m'avez dit des mensonges, or j' vous ai donné d' l'argent pour rien… » Vous comprenez, monsieur ?…

– Oui, mais étant donné que c'est moi qui vous ai donné d' l'argent, vous auriez pu arranger un peu mes affaires.

– Mais… J'ai pas vu un monsieur avec une dame, la semaine dernière.

– Suis pas v'nu avec elle, mais non !… Elle est v'nue seule. Seulement, comme c'est moi qui fais bouillir la marmite, c'est moi qui ai payé sa consultation. Vous comprenez ?…

– Écoutez, monsieur, vot' dame doit dramatiser. Je vous assure que je limite toujours les dégâts. J'arrondis les angles.

– Évidemment, elle en a conclu que… j'avais une petite amie… comme vous dites. C'est assez embêtant, maintenant, si je n' peux plus voir Martine sans qu'Henriette me fasse la tête… Ça va m' faire une existence impossible. Est-ce que vous ne pourriez pas… ? J' pourrais vous la renvoyer une seconde fois… et vous lui diriez que vous avez mal vu… qu'en réalité c'était mon cousin ?…

– Oui ?… Voyez-vous, faut agir avec ruse, mais honnêtement.

– Oui, faut faire une ruse honnête.

– C'est ça. Envoyez-la-moi. J'essaierai de voir (sans dire que je me suis trompée) en lui disant : « Cette fille tourne autour de lui, mais votre mari s'en occupe pas. »

– Vous allez tirer des cartes ? … Vous allez lui dire : « Je vois… Je vois… Ah ! ben, je me suis trompée, c'est pas une femme, c'est un homme… c'est son cousin… » Ou… j'ai un beau-frère qui habite Chartres. Vous pourriez dire que c'est mon beau-frère ?…

– Bon… J' pourrais lui dire… Seulement, est-ce que je me rappelle qui c'est, cette dame-là ? Quel âge elle a, à peu près ?…

– Quarante-six ans… Mais elle fait facilement quarante-cinq.

– Elle est grande ?… Petite ?…

– Ça dépend. Par rapport à moi, elle est grande. Elle fait 1,63 mètre, 64… mais paraît pas plus de 62.

– Oui ?… Ben, monsieur… qu'elle vienne.

– C'est une dame, vous savez, avec un manteau et un sac à main… c'est facile à voir…

– Vous savez, j'en ai, des dames, avec un manteau et un sac à main. C'est une dame un peu élégante ?…

– Ben… en tout cas, ça me coûte assez cher. (*Elle rit.*) C'est pas rigolo non plus.

(*Riant encore :*)

– Mais pour qui elle coûte cher ?… Pour vous faire plaisir, monsieur. Vous l' savez bien. Les femmes sont toujours coquettes.

– Oui, mais vous vous rendez compte ?… J'ai Martine, en plus, qui est encore plus élégante. C' qui m' fait d' la peine, c'est qu'vous avez l'air de rire de ma situation…

– Oh ! non, monsieur !… Mais qu'est-ce que vous voulez ?… Si j'ai vu clair, c'est embêtant pour vous, mais elle… elle dit p't-êt' pas la même chose.

– Mais ça n'arrange pas ses affaires… Vous lui avez pas rendu tellement service. Je crois que c' qu'y a d' mieux, c'est d' lui dire que c'est Norbert… Norbert : mon beau-frère…

– Oui ?… Ben… on va faire comme ça…

– Dites-lui que vous avez mal vu… que c'était brumeux… etc. Vous pourriez lui dire que vous étiez pas bien… que vous voyiez pas très clair, ce jour-là…

– Oui, c'est vrai : y a des moments où on voit moins clair…

– Des fois, quand j'ai un p'tit coup d' trop, je n' vois pas les choses très nettement non plus.

– Bon, ben, monsieur, quand cette dame viendra, je vous promets de réparer. Pas mon erreur, mais un p'tit peu… ma faute.

– Voilà !… Vous êtes gentille. Vous lui dites : « J'avais un p'tit peu bu, ce jour-là… j'étais pas très bien… »

– C'est ça, monsieur.

– Ben, vous êtes mignonne, madame. Je vous embrasse bien fort.

– Au revoir, monsieur.

– Bonjour chez vous, madame.

*

Curieuse qualification, cette fois monsieur Macheprot est un concierge forgeron en quête de travail :

– Allô ?…

– Allô… Je téléphone au sujet de la place de concierge.

– Ah ! oui, monsieur…

– Quelles sont les conditions, si vous plaît ? …

– D'abord, monsieur, je vais vous poser quelques questions : quel âge avez-vous ?… est-ce que vous avez cinquante ans ?…

– Je suis désolé, non, j'ai pas cinquante ans : j'en ai cinquante-deux.

– Ça n' fait rien : la cinquantaine… c'est ça que j' veux dire. Et votre femme ?

– Quarante-sept… Enfin, quarante-sept et demi…

– Oui, ça n' fait rien. Vous avez des enfants ?…

– Non… Pourquoi ?… Il faut ?…

– Pas d'enfants, non : la loge n'est pas très grande. Il nous faut un ménage sans enfants.

– Là, ça tombe plutôt bien. Est-ce que le travail est dur ?…

– Non, monsieur… non.

– Bon. Parce que j'aurais voulu savoir si j'aurais pu continuer d'avoir mes petites occupations…

– Naturellement : c'est la femme qui travaille… elle a la loge… Le mari peut travailler dehors.

– Ben… moi, j' travaille à la maison.

– Bon ?… Qu'est-ce que c'est que ce travail, donc ?…

– Je suis ferronnier.

– Ah… Alors, non… c'est pas possible. Il vous faut un emplacement, pour ça ?…

– Non… juste la place de l'enclume et de…

– Ah ! non !... Pas d'enclume !... Rien à faire !... Vous disposez juste de la loge !...

– Oui, je me débrouillerai. Je la mets sous une table. C'est pas tellement grave. Ce qui est embêtant, c'est pour le bruit...

– Pour le bruit encore moins. Ça ne peut pas aller, monsieur, je regrette.

– La loge est loin des appartements ?...

– Non : elle est sous les appartements. Ça n' peut pas aller.

– Oui ?... Les gens sont difficiles ?...

– Difficiles, oui !... C'est une maison moderne et... qu'est-ce que vous voulez ?... Quand on entend taper toute une journée, c' n'est pas drôle...

– J' tape pas toute la journée, madame. Y a des moments où je cisèle... alors...

– Non, c'est pas c' qu'il nous faut, monsieur. Ce serait une erreur.

– L'enclume, c'est sur le coup de... sept, huit heures du matin. Mais à neuf heures, c'est fini.

– Oui... non, c'est pas c' qu'il faut ici, monsieur. Je regrette...

– Ç'aurait pu être amusant, d'avoir un p'tit artisan, au rez-de-chaussée...

– Vous croyez ?... Non... pas ici.

– Franchement, ça n' dérange pas tellement. Je vois ma femme, qui est musicienne... qui travaille son piano... ça ne l'empêche pas du tout de travailler, de m'entendre taper.

– C'est possible... Je crois, monsieur, que c'est pas la peine que nous continuions de discuter... Je regrette.

– Vous avez l'air de me mépriser, parce que je travaille de mes mains !...

– Non !... Je vous dis simplement que vous ne pouvez pas faire l'affaire.

– Tout l' monde peut pas être intellectuel... comprenez.

– Je sais bien, monsieur. Je cherche une concierge. Elle n'a pas besoin d'être intellectuelle.

– Ben, moi, madame, je peux très bien être concierge. J' suis forgeron aussi, à mes moments perdus... Ils sont pas perdus pour tout l' monde... Mais j' vois pas pourquoi j' pourrais pas être concierge la nuit et forgeron le matin.

– Nous avons des candidatures qui nous plaisent beaucoup mieux que la vôtre. Alors, je...

– Bien sûr !... Des écrivains, probablement ?...

– Non, pas des écrivains, monsieur, certainement pas.

– Parce que je suis un manuel, un artisan, je m' fais j'ter à la porte !... Ça fait quat' fois, déjà, qu'on m' refuse des places !...

– Je n' vous ai pas jeté !... Je vous dis : c'est pas possible. Vous n' pouvez pas faire des choses extraordinaires, dans une petite loge.

– Mais, madame !... J' vous demande simplement de pas m' traiter comme le dernier des derniers, parce que je martèle le fer !... Il en faut, qui martèlent le fer...

– Mais, monsieur... je ne vous dis pas l' contraire. Je suis très correcte. Vous ne pouvez pas faire l'affaire. C'est tout.

– Voilà !... c'est ce que j'appelle me traîner plus bas que terre... simplement parce que j'ai un métier.

– Mais non !... Seulement, nous pouvons trouver des gens qui nous agréent mieux.

– Vous êtes toutes pareilles !... Ça fait quat' fois qu'on m' refuse une loge de concierge, parce que je suis forgeron !... Vous comprenez ?...

– Oui, monsieur... Mais c'est pas d' ma faute...

– Faites un effort, madame !...

– J' vais pas vous prendre, pour que vous vous en alliez dans quarante-huit heures...

– N'importe comment, vous tiendriez même pas quarante-huit heures. Partie comme vous êtes... c'est d' la mauvaise volonté...

– C'est pas d' la mauvaise volonté, non. Mais...

– D' la mauvaise foi ?...

– C'est pas la peine que nous restions au téléphone...

– Ben, c'est vous qui m' cramponnez, madame, excusez-moi ! Vous m' faites une leçon, pour m'expliquer qu' j'ai pas l' droit d' forger !...

– Je n' vous explique rien du tout !... Vous êtes bien libre de forger tout c' que vous voulez !...

– Alors, engagez-moi !...

– Non !... Je n' peux pas !...

– Elle est bornée !...

– Je n' suis pas folle !...

– Parce que c'est de la folie, de faire travailler les forgerons, maintenant ?... Bravo !...

– Je vous en prie...

– C'est moi qui vous en prie, madame !... Vous me parlez sur un ton !...

Et crac !... La dame a raccroché.

REMERCIEMENTS DE L'ÉDITEUR

A Pierre Arnaud, José Artur, Jean-Maurice Bellayche, Jean Brousse, Jacques Canetti, Jean-Michel Drou, Éric Lecocq, Roger Pierre, Patrick Petit, Pierre Tchernia et Jean-Marc Thibault pour l'aide qu'ils ont apportée dans la réalisation de cet ouvrage.

Et à Cabu pour ses dessins.

BIOGRAPHIE

1921 : Naissance à Paris le 20 juillet.

1937 : Triomphe au baccalauréat.

1938 : Débuts timides au « Rendez-Vous », cabaret proche des Champs-Élysées.

1940 : Après quelques pas dans le journalisme au « Semeur des Hautes-Pyrénées », il fait ses vrais débuts au cabaret « Le Triolet », animé par Jean Rigaux, avant d'être engagé par Maurice Carrère.

1942 : Caché pour échapper au STO, il écrit ses premières chansons. Gérard Calvi, Henri Leca et Charles Trénet mettent ses textes en musique. Il est acteur avec Charles Trénet, dans *Frédérica,* de Jean Boyer.

1943 : Mariage avec Édith Fontaine.

1944 : Il devient animateur à la Radio de Rennes, qu'il est chargé quelques mois plus tard de réorganiser par les Forces françaises libres.

1946 : Débuts de sa première grande émission radiophonique burlesque : « Sans Rime ni Raison », avec Pierre Cour, Pierre Grimblat et Bourvil.

1948 : Création de *Branquignol* au théâtre La Bruyère.

1950 : Création de *Sans Issue* de Pierre Dac et Francis Blanche au théâtre des Trois

Baudets avec Robert Lamoureux, Darry Cowl et Maurice Biraud.

1951 : À la radio, *Malheur aux Barbus !...* premières aventures de Furax.

1952 : Francis Blanche et Édith Fontaine divorcent. Au music-hall ABC, *Autre chose,* spectacle de Pierre Dac, Francis Blanche et Roger Pierre.

1953 : Mariage avec Evelyn.

1954 : Premiers canulars téléphoniques sur RMC. Participe aux « Belles Bacchantes » de Robert Dhéry.

1956 : *Signé Furax !...* sur Europe 1. *La Belle Arabelle,* comédie musicale signée Francis Blanche au théâtre de la Porte-Saint-Martin, avec les Frères Jacques.

1957 : Nouveau spectacle aux Trois Baudets avec Pierre Dac.

1958 : *Chipolata, saucisson show* de Pierre Dac et Francis Blanche au Théâtre Caumartin.

1959 : Francis Blanche triomphe dans le rôle du légendaire Papa Schultz aux côtés de Brigitte Bardot dans *Babette s'en va-t'en guerre* de Christian-Jaque.

1961 : Francis Blanche incarne Tartuffe au Palais-Royal avec Madeleine Robinson, puis Néron dans *L'Étouffe-Chrétien,* de Félicien Marceau, aux côtés d'Arletty à l'Atelier. Il réalise et interprète *Tartarin de Tarascon.*

1965 : Il écrit et interprète un spectacle historico-burlesque, *Les escargots meurent debout,* au théâtre Fontaine, avec Jean Le Poulain.

1967 : Pièces et émissions radiophoniques sur l'antenne d'Europe 1 : *Les Kangourous n'ont pas d'arêtes, Le Magazine de la chanson et de la quincaillerie, Bonjour chez vous.*

1968 : *Adieu Berthe,* comédie de Francis Blanche et Albert Husson mise en scène par Jacques Charon aux Bouffes-Parisiens avec Jean Carmet, Nicole Garcia, Jacques Jouanneau, Hubert Deschamps, etc.

1970 : *Franciscorama,* sélection des textes, poèmes et chansons de Francis Blanche au théâtre Fontaine.

1973 : *Un yaourt pour deux,* de Francis Blanche et Albert Husson au Théâtre Gramont. Francis Blanche écrit le dialogue du film de Marco Ferreri, *La Grande Bouffe.*

1974 : Décès de Francis Blanche, le 7 juillet, à Paris.

BIBLIOGRAPHIE

1952 : *Premières aventures de Furax*
Malheur aux barbus !...
La Confession de Furax
Mangez de la salade !...
Les Barbus de l'espace, en collaboration avec Pierre Dac (éditions André Martel).

1971 : *Signé Furax !...* en collaboration avec Pierre Dac (éditions Jean-Claude Lattès).

1972 : *Mon Oursin et Moi* (éditions Jean-Claude Lattès).
Furax et les Autres (éditions Jean-Claude Lattès).

1973 : *L'Étrange Napolitaine* (éditions de Trévise).

1976 : *Le Gruyère qui tue* (éditions Jean-Claude Lattès).

1979 : *Signé Francis Blanche* (éditions Jean-Claude Lattès).

1984 : *Le Parti d'en rire,* en collaboration avec Pierre Dac (cherche midi éditeur).

FILMOGRAPHIE

1942 : *Frédérica,* de Jean Boyer, avec Charles Trenet.

1948 : *L'assassin est à l'écoute* (auteur-acteur), avec Pierre Cour, Marguerite Moreno, Louise Carletti, Louis Blanche. Réalisation de Raoul André.

1949 : *Tire-au-flanc,* de Fernand Rives, d'après le vaudeville de Mouezy-Eon, avec Maurice Baquet.

1950 : *Un curieux cas d'amnésie,* court métrage loufoque de Pierre Dac et Francis Blanche.

1951 : *Une fille à croquer* (auteur-acteur), avec Louise Carletti, Gaby Morlay, Serge Reggiani, Édith Fontaine et Pierre Dac. Réalisation de R. André.

1952 : *Minuit, quai de Bercy,* de Christian Stengel, Claude Accursi, Jean Ferry et René Wheeler, avec Madeleine Robinson, Erich Von Stroheim, Philippe Lemaire, Louis Seigner, Rosy Varte, Jean Carmet.
La Maison du crime, avec la même équipe.

1953 : *Faites-moi confiance* (auteur-acteur), avec Zappy Max, Colette Ripert, Jean-Marc Tennberg, Pierre Larquey. Réalisation de Gilles Grangier.

1954 : *Ah ! les belles bacchantes !...* de Jean Loubignac et Robert Dhéry, avec Jacqueline Maillan, Louis de Funès, Colette Brosset, Jacques Jouanneau, Jacques Legras, Michel Serrault, Guy Piérault, Gérard Calvi, Roger Caccia, Roger Saget, Raymond Bussières et Rosine Luguet.

1955 : *Honoré de Marseille,* de Maurice Regamey, avec Fernandel.

1956 : *La vie est belle,* de Roger Pierre et Jean-Marc Thibault.

La Polka des menottes, scénario de Raymond Caillava, réalisation de Raoul André, avec Pascale Audret, Claude Rich, Misha Auer, Pierre Dac...

1957 : *Tous peuvent me tuer,* réalisation d'Henri Decoin, scénario d'André Versini, dialogue d'Albert Simonin, avec le comédien-scénariste et François Périer, Peter Van Eyck, Jean-Pierre Marielle, Pierre Mondy, Pierre Dudan, Dario Moreno, Pierre Louis et Anouk Aimée.

À pied, en cheval et en voiture, de Jean Dréville et Noël-Noël. Avec (entre autres) Darry Cowl.

Le Petit Prof, de Carlo Rim, avec Darry Cowl et Yves Robert.

1958 : *Les Motards,* de Roger Pierre, Jean-Marc Thibault et Jean Laviron.

Pourquoi viens-tu si tard ?... d'Henri Decoin, avec Michèle Morgan et Henri Vidal.

L'Increvable, de Jean Boyer, avec Darry Cowl.

1959 : *Babette s'en va-t'en guerre,* de Christian-Jaque et Michel Audiard, avec Brigitte Bardot, Jacques Charrier, Hannes Messmer…
La Jument verte, de Claude Autant-Lara, adaptée du roman de Marcel Aymé par Jean Aurenche et Pierre Bost, avec Bourvil, Valérie Lagrange, Yves Robert, Achille Zavatta, Marie Déa, Georges Wilson, Julien Carette.
Certains l'aiment froide, réalisation burlesque de Jean Bastia.

1960 : *Les Pique-assiettes,* réalisation burlesque de Jean Girault et Jacques Vilfrid, avec Darry Cowl.
L'Ours, d'Edmond Séchan, avec Renato Rascel.
La Française et l'Amour, film à sketches de René Clair, Henri Decoin et Jean-Paul Le Chanois.
Vive Henri IV, vive l'amour, de Claude Autant-Lara et Henri Jeanson, avec Francis Claude.
Un couple, de Jean-Pierre Mocky.
Les Pilules d'Hercule,
Le chat miaulera trois fois, réalisations italiennes de S. V. Steno.

1961 : *Les Menteurs,* d'Edmond T. Gréville et Frédéric Dard, avec Jean Servais et Claude Brasseur.
Les Livreurs (l'équipe des « Pique-Assiettes »).
Les Petits Matins, de Jacqueline Audry et Pierre Laroche, avec Agathe Aems, Fernand Gravey, François Périer, Claude Rich, Pierre Mondy, Roger Coggio, Gilbert

Bécaud, Daniel Gélin, Lino Ventura, Noël-Noël, Robert Hossein, Bernard Blier, Arletty, Jean-Claude Brialy et Darry Cowl.

En plein cirage, de Georges Lautner et Pierre Laroche, avec Martine Carol et Félix Marten.

Le Septième Juré, de Georges Lautner et Pierre Laroche, avec Bernard Blier et (entre autres) Maurice Biraud.

La Planque, scénario et dialogue d'Yves Jamiaque, réalisation de Raoul André, avec Marcel Mouloudji.

Snobs, de J.-P. Mocky.

Tartarin de Tarascon, de Francis Blanche, adaptation et dialogue en collaboration avec Yvan Audouard, d'après le roman d'Alphonse Daudet, avec F. B., Alfred Adam, Michel Galabru, Jacqueline Maillan, Hubert Deschamps, Paul Préboist et Darry Cowl.

L'Enlèvement des Sabines, de Richard Pottier, avec Mylène Demongeot.

1962 : *Les Veinards,* de Jack Pinoteau, avec Darry Cowl.

La Tulipe noire, de Christian-Jaque et Henri Jeanson, d'après le roman d'Alexandre Dumas, avec Alain Delon, Dawn Adams, Virna Lisi, Robert Manuel.

Les Vierges, de J.-P. Mocky, avec Jean Poiret.

Les Tontons flingueurs, de Georges Lautner et Michel Audiard, avec Lino Ventura, Bernard Blier, Claude Rich.

Le Repas des fauves, de Christian-Jaque, scénario de Vahé Katcha, dialogue d'Henri

Jeanson, avec Antonella Lualdi, France Anglade, Dominique Paturel, Claude Rich, Claude Nicot…

Les Barbouzes, de Georges Lautner et Michel Audiard, avec Mireille Darc, Lino Ventura, Bernard Blier, Jess Hahn…

1963 : *La Chasse à l'homme,* d'Édouard Molinaro et Michel Audiard, avec Françoise Dorléac, Micheline Presle, Catherine Deneuve, Marie Laforêt, Marie Dubois, Bernadette Lafont, Michel Serrault, Jean-Claude Brialy, Jean-Paul Belmondo, Claude Rich.

Dragées au poivre, de Jacques Baratier, Guy Bedos et Sophie Daumier, avec Anna Karina, Simone Signoret, J.-P. Belmondo, Claude Brasseur…

Les Pissenlits par la racine, de Georges Lautner et Michel Audiard, avec Mireille Darc, Louis de Funès, Darry Cowl, Maurice Biraud…

1964 : *La Sentinelle endormie,* de Jean Dréville et Noël-Noël, avec Pascal Audret, Michel Galabru et Raymond Souplex.

1965 : *Les Gros Bras* (l'équipe des « Bricoleurs », « Pique-assiettes », etc.).

1966 : *Les Compagnons de la marguerite,* de J.-P. Mocky, avec Michel Serrault.

1967 : *Belle de jour,* de Luis Buñuel et Jean-Claude Carrière, d'après le roman de Joseph Kessel, avec Catherine Deneuve, Françoise Fabian, Michel Piccoli.

Ces messieurs de la famille, de Raoul André, avec Poiret, Serrault, Darry Cowl, Jean Yanne, Michel Galabru, Annie Cordy, Anna Gaël, Anne Carrère.

La Grande Sauterelle, de Georges Lautner et Michel Audiard, avec Mireille Darc.

1968 : *Erotissimo,* de Gérard Pirès, avec Annie Girardot et Jean Yanne.

La Grande Lessive, de Mocky, avec Bourvil et Poiret.

L'Étalon, de Mocky, avec Bourvil.

Ces messieurs de la gâchette (l'équipe de « Ces messieurs de la famille »).

Un merveilleux parfum d'oseille, de Bassi.

Poussez pas grand-mère dans les cactus, de Jean-Claude Dague.

Aux frais de la princesse, de Roland Quignon, avec Marthe Mercadier, Jean Poiret, Michel Galabru et Roger Nicolas.

1970 : *Qu'est-ce qui fait courir les crocodiles ?...* de Jacques Poitrenaud et Jean Curtelin, avec Poiret, Serrault, Boby Lapointe, Évelyne Dassas, Colette Castel.

La Grande Java, de Philippe Clair.

1971 : *La Grosse Combine,* réalisation italienne de Bruno Corbucci.

Êtes-vous fiancée à un marin grec ou à un pilote de ligne ? de Jean Aurel, adaptation et dialogue de Jean Yanne, d'après le roman « la Marche du fou », avec J. Yanne, Françoise Fabian, Nicole Calfan et Roger Peyrefitte.

La Grande Maffia, de Philippe Clair.

1973 : *Par le sang des autres,* de Marc Simenon, avec Mylène Demongeot, Charles Vanel, Bernard Blier, Yves Beneyton.

Colinot trousse-chemise, de Nina Companeez, avec Brigitte Bardot et Francis Huster.

Un linceul n'a pas de poche, de Mocky, d'après le roman de Horace MacCoy.
O.K., Patron, de Claude Vital, avec Renée Saint-Cyr et Jacques Dutronc.
Dites-le avec des fleurs, de Pierre Grimblat, avec Delphine Seyrig et Fernando Rey.
La Grande Bouffe, réalisation et adaptation Marco Ferreri, dialogue de Francis Blanche, avec Marcello Mastroianni, Philippe Noiret, Michel Piccoli, Ugo Tognazzi et Andrea Ferreol.

1980 : *Signé Furax,* réalisation de Marc Simenon, sans Pierre Dac et Francis Blanche (décédés six et cinq ans auparavant) mais tirée de leurs émissions et du roman. Avec Bernard Haller, Jean-Pierre Darras, Mylène Demongeot, Dany Saval, Fanny Cottençon, Xavier Gélin, Fred Pasquali, Jean Le Poulain, Michel Constantin, Paul Préboist, Michel Galabru, Daniel Gélin, Pierre Mondy, Roger Carel, Jean-Claude Bouillon, Jacques Rouland, Pierre Tchernia, Coluche et Pierre Desproges.

5228

R.I.D. Composition – 91400 Gometz-la-Ville
Achevé d'imprimer en Europe (Allemagne)
par Elsnerdruck à Berlin
le 25 mai 1999.
Dépôt légal mai 1999. ISBN 2-290-05228-0

Éditions J'ai lu
84, rue de Grenelle, 75007 Paris
Diffusion France et étranger : Flammarion